Wolfgang Schiemann

ECUADOR

Photo-Reisen
vom Chimborazo bis Galápagos

UMSCHAU:

Für Christel

© 1992 Umschau Verlag Breidenstein GmbH, Frankfurt am Main

Inhalt

	7	Danksagung
	9	Einleitung
Erste Begegnungen	11	Eine Reise zur Küste
Über die Höhen des Landes	27	Mit dem Schienenbus vom Pazifik zur Sierra und ein Versuch am Cayambe
Geschichte und Gegenwart	37	In der Hauptstadt Quito
Herausforderung Cotopaxi	45	Am höchsten tätigen Vulkan der Erde
Im grünen Herzen des Landes	57	Der tropische Regenwald des Cuyabeno
Städte, Menschen und Naturgewalt	71	Über das Hochland nach Riobamba
Einst und jetzt in Ingapirca und Cuenca	83	Von Inka-Ruinen und bunten Märkten
Auf den Spuren Alexander von Humboldts	93	Eine Besteigung des Chimborazo
Die Arche Noah im Pazifik	103	Auf den Galápagos-Inseln
	137	Photohinweis und Literatur
	139	Register

Danksagung

Ein Buch, insbesondere ein Bildband wie dieser, läßt sich ohne tatkräftige Mithilfe und Unterstützung nicht realisieren. Wir möchten hier die Gelegenheit nutzen, uns für die Hilfe zu bedanken, die »Hauser Exkursionen international«, »LUFTHANSA«, »LEICA Camera GmbH«, »KODAK AG« und »Explorandes ECUADOR« geleistet haben.

Besonderer Dank gebührt unseren Freunden, Dipl.-Ing. Johannes Maier, Marie und Dr. Gerhard Schütte, ohne deren tatkräftige Hilfe dieser Band nicht zu verwirklichen gewesen wäre.

Allen ungenannten Helfern und Freunden, die uns durch Ideen und Anregungen geholfen haben, gilt dieser Dank in gleicher Weise.

Einleitung

Ecuador, auch Ekuador geschrieben, erhielt seinen Namen durch seine geographische Lage: Nur wenige Kilometer nördlich von Quito, der Hauptstadt, verläuft der Äquator.

Wir fliegen heute in einigen Stunden in über zehntausend Meter Höhe über den Atlantik, die Karibik und weiter nach Quito. Vor fünfhundert Jahren, 1492, segelte Christoph Kolumbus zwei volle Monate nach Amerika. Macht und Kultur der Inkas in den Andenländern zu vernichten hat allerdings nur wenige Jahrzehnte gedauert.

Fast dreihundert Jahre später brach Alexander von Humboldt am 5. Juni 1799 nach mehrjährigen Vorbereitungen zu seiner großen Amerikareise auf, die insgesamt fünf Jahre dauerte. Er hat den südamerikanischen Subkontinent zum zweitenmal für uns entdeckt.

Seine südamerikanische Reise war etwas völlig Neues, weil sie mit ihren rein wissenschaftlichen Zielen ausschließlich der Forschung diente. Da von Humboldt in der Lage war, seine Reise selbst zu finanzieren, war er niemandem verpflichtet und konnte sich frei seinen wissenschaftlichen Arbeiten widmen, ohne machtpolitische Interessen berücksichtigen zu müssen.

Alexander von Humboldt hat Ecuador vom 6. Januar bis zum 21. Oktober 1802 bereist. Er unternahm sogar einen ernsthaften Versuch, den höchsten Berg Ecuadors, den 6310 Meter hohen Vulkan Chimborazo zu ersteigen, den »höchsten Berg unseres Planeten«, wenn man vom Erdmittelpunkt aus mißt. Obwohl ihm die nötige bergsteigerische Erfahrung fehlte, hat Alexander von Humboldt fast den Gipfel erreicht.

Das Hochland und die Anden Südamerikas, die wild überwächteten Grate und die schneebedeckten Vulkane waren schon immer verlockende Ziele. Seit meiner ersten Expedition zu den Bergen der Welt, zur Kordillera Real in Bolivien, bei der die Erstbegehung des Südgrates am Illampu (6362 Meter) gelang, gehört es für mich einfach dazu, auf einer Reise nach Möglichkeit auch die höchsten Berge des Landes kennenzulernen. Hier in Ecuador ziehen mich die hohen Vulkane an: Der Cayambe, mit 5790 Meter der höchste Gipfel direkt am Äquator, der Cotopaxi mit 6005 Meter der höchste aktive Vulkan und der Chimborazo.

In den letzten Jahren ist aus dem »Geheimtip Ecuador« eines der beliebtesten Reiseziele des südamerikanischen Kontinents geworden, und das zu Recht. Ecuador dehnt sich über 270 000 Quadratkilometer aus, so groß wie die alte Bundesrepublik Deutschland. Auf diesem kleinen Raum finden sich all die extrem verschiedenen Landschaftsformen, die für Südamerika so typisch sind.

Dieser Bildband ist nach langer Vorbereitung und auf Wunsch zahlreicher Besucher unserer LEICAVISION-Shows entstanden.

Um diesem Wunsch unserer Vortragsbesucher nachzukommen und um alle an Ecuador und Galápagos Interessierte auf einige der schönsten Gebiete hinzuweisen, haben wir diesen Bericht verfaßt.

Unser Ziel ist es, nicht nur Berühmtes und Bekanntes zu schildern, denn gerade abseits der berühmten Orte und großen Namen steht das Erlebnis an erster Stelle. Meine Frau und ich wollen Ihnen zeigen, daß, um mit Alexander von Humboldt zu sprechen, in Ecuador »Alle Landschaften dieser Erde« zu finden sind: vom feuchtwarmen Urwald bis zu den vergletscherten Andengipfeln, von der trockenen Steppenlandschaft bis zum rauschenden Pazifik. All dies bietet Ihnen Ecuador.

Dieses Getreidefeld gehört zur großen Hacienda Zuleta.

Erste Begegnungen Eine Reise zur Küste

Wir verlassen Quito auf der Panamericana und fahren nach Süden. Durch die am Stadtrand bis auf über viertausend Meter aufragenden Berge hat sich Quito hauptsächlich nach Süden weiter ausgedehnt und ist deshalb eine ungewöhnlich »lange« Stadt geworden. Eine an Europa erinnernde Landschaft umgibt uns. Weite grüne Flächen, ein hügeliger Talgrund, Wechsel zwischen Wiesen und Getreidefeldern, und im Hintergrund aufragende Bergketten. Doch die zahlreichen Eukalyptusbäume, typisch für Ecuador und die anderen Andenländer, erinnern uns daran, daß wir in Südamerika sind. In der Ferne, leider heute in Wolken gehüllt, steht der mächtige Vulkan Cotopaxi. Wann werden wir ihn das erste Mal sehen? Wir sind schon sehr gespannt, doch noch lieber als ihn sehen möchte ich auf seinem Gipfel stehen.

Nach rund fünfzig Kilometern verlassen wir die Panamericana nach Westen. Vor uns eine weite, fast baumlose Ebene. Das Gelände steigt immer stärker an. Die Straße windet sich durch den steilen Hang aufwärts. Der Bergrücken zwischen dem im Norden liegenden Atacazo, 4457 Meter, und dem im Süden liegenden Corazon, 4788 Meter, ist erreicht. Vor uns breiten sich Täler und Hügel aus, die überaus dicht bewachsen, geradezu überwuchert sind. Sie fallen nach Westen zum nicht mehr fernen Pazifik ab.

Eine unglaublich reiche und interessante Pflanzenwelt begleitet unsere Fahrt nach Westen. Nicht nur die verschiedenen Bambusarten und uns kaum bekannte andere Sträucher und Bäume, sondern auch die farbige Pracht der Blüten und Blumen lassen uns immer wieder anhalten.

Heute haben wir klares Wetter, ein blauer Himmel wölbt sich über uns. In diesem Bereich der stark ansteigenden Hänge herrscht in der Regel Nebel und Regen, besonders am Nachmittag und Abend. Kommt man von der Küste, ist es jedesmal eine neue Überraschung, wenn man aus dieser feuchten Glocke, die hier die wuchernde Pflanzenwelt am Leben erhält, auftaucht und sich plötzlich ein klarer Himmel aufwölbt und das riesige Wolkenmeer die tiefer liegende Landschaft verdeckt.

Bei Santo Domingo de los Colorados, das nur noch siebenhundert Meter über dem Meer liegt, ist es schon recht warm. Wir tauchen in riesige Bananenplantagen hinab – »Bananenrepublik« Ecuador! Bananen sind, neben Erdöl, Kaffee und Kakao, auch heute noch ein wichtiger Teil des Exports.

Kurz vor St. Domingo erwartet uns bereits Georges, Präsident der Südamerika-Agentur »Explorandes«, zur Fahrt mit einem Schlauchboot auf dem Rio Toachi. Das ist eine willkommene Erfrischung bei dem warmen Wetter! Über einen schmalen Seitenweg erreichen wir das Ufer. Bevor wir das Boot zu Wasser tragen können, kostet das Aufpumpen noch Schweißtropfen. Georges erweist sich als hervorragender Kenner des Gebietes und steuert vollkommen sicher das Schlauchboot an den mächtigen Felsblöcken vorbei. Zwischendurch werde ich an verschiedenen Stellen am Ufer abgesetzt, um ein Stück vorauszulaufen, bis ein guter Photostandpunkt gefunden ist. Teilweise artet das Vorausgehen in wilde Kletterei aus: Die aufgetürmten Felsriegel, die Nässe auf den Steinen, dornige Sträucher und Mücken machen meinen Weg zum Hindernispfad.

Ganz überraschend entdecke ich dabei einen Tamandua-Bären. Er sitzt auf einem Stein am Ufer im seichten Wasser, wobei er mich mit seinen kleinen Augen genau beobachtet. Ich bin begeistert, hier einen Verwandten des großen Ameisenbären zu finden. Von seinem hellbraunen Fell hebt sich eine schwarze Zeichnung ab – fast meint man, der Bursche trüge eine schicke Weste. Völlig harmlos ist das etwa sechzig Zentimeter große Tier ganz sicher nicht, mit seinen starken Armen und Beinen und den gut ausgebildeten Krallen, die er immer wieder leicht in die Wellen taucht, so, als wolle er sich die Pfoten waschen. Ich gehe vom Ufer etwas ins Wasser und habe jetzt einen guten Standpunkt, um ihn zu photographieren. Den Bären scheint mein Näherkommen wenig zu stören, er schielt aber immer wieder in meine Richtung, bis ich ins Schlauchboot zurückgehe.

An der eigentlichen Schlüsselstelle des Rio Toachi beim Rafting sperren zwei riesige Felsbrocken den Fluß. Um sie herum staut sich das Wasser. Hier bilden sich riesige Wasserwalzen, in die man auf keinen Fall mit dem Schlauchboot hinein kommen darf. Das Boot würde sofort kentern und die Schlauchbootfahrer würden unter die ausgewaschenen Felsen gezogen werden und ertrinken. Georges klärt uns rechtzeitig über die Gefahren auf.

Zuerst wird diese Stelle vom Trockenen aus besichtigt. Zusammen mit meiner Frau bleiben wir am Ufer, da ich ja photographieren möchte. Georges steuert dann das Boot mit zwei Begleitern ganz raffiniert an den Felsen vorbei, indem er sich weit genug am Rande hält, abwartet, bis das Boot genügend Fahrt hat, um es dann mit blitzschnellen Paddelschlägen so zu drehen, daß es seitlich an der riesigen Wasserwalze vorbei schießt. Diese gefährliche Stelle kann nur von besonders erfahrenen Wildwasserfahrern gewagt werden.

Nach dem nächtlichen Fischfang werden am Morgen die Boote auf den Strand geschoben.

Nun wird der Rio Toachi breiter, da der Rio Neni sein Wasser aus einem parallel verlaufenden Tal dazu bringt. Jedesmal wenn es durch eine der zahlreichen Walzen geht, werden wir kräftig geduscht. Sonne, Luft und die Wassertemperatur sind jetzt genau richtig. So läßt es sich in diesem Klima aushalten.

Bei St. Domingo de los Colorados, in dem kleinen Ort St. Miguel de los Colorados, leben die Colorado-Indianer. Ihnen ist im Urwald ein Gebiet von etwa siebenhundert Hektar zugesichert, das über eine Straße erreichbar ist. Vor fünfzehn Jahren noch war ein beschwerlicher Marsch durch den Urwald notwendig, um sie zu besuchen.

Von den einst mehreren tausend Colorado-Indianern, vermutlich Nachfahren der Chibchas aus Kolumbien, sind heute noch etwa zweihundert übriggeblieben. Die Colorados gehören zu den wenigen Waldindianern Ecuadors westlich der Anden.

Sie sind im ganzen Land für ihre Naturheilkunst berühmt. Sie heilen ihre Patienten in Sitzungen im Morgengrauen. Ihren Namen Colorados, »Die Roten«, haben sie erhalten, weil sie aus den Achiote-Fruchtkapseln durch Zerreiben in den Händen eine rote Paste herstellen, mit der die Männer ihr Kopfhaar einstreichen. Mit dieser allmählich festtrocknenden Paste wird das Haar an der Seite und der Stirn hochgebogen. Die Ränder werden dann gerade geschnitten.

Die traditionelle Kleidung der Colorados ist einfach: Sie besteht aus einem schwarzweiß-gestreiften Tuch, das um die Hüften geschlagen wird, zusammengehalten von einem roten Stoffgürtel. Die Frau trägt ihr schwarzes Haar über dem bloßen Oberkörper, dazu kurze buntgestreifte Tücher um die Hüften geschlungen.

Südlich von St. Domingo ist das Land flach. Links und rechts der Straße dehnt sich endloses Grün aus, wiederum riesige Bananenplantagen. Auf der rechten Seite fließt der hier in Küstennähe breite und träge Rio Esmeraldas. Die Stadt Esmeraldas selbst liegt direkt an der Küste. Hier endet heute die Erdölpipeline, die sich durch den Urwald, über Gebirge und Hochland hinweg zieht.

Esmeraldas ist keine reizvolle Stadt. Sie ist laut und heiß. Die vielen Tanks und Anlagen am Ende der Pipeline sowie die kasernenartigen Unterkünfte der bei der Ölgesellschaft Beschäftigten bieten wenig Interessantes. Viele verschiedene Rassen leben in Esmeraldas neben- und miteinander. Nicht weit von Esmeraldas landeten die Spanier das erste Mal in Ecuador. Auch soll ein Sklavenschiff aus Afrika hier an der Küste gestrandet sein, und der Legende nach sind die heutigen Einwohner Nachkommen dieser Schiffsbesatzung.

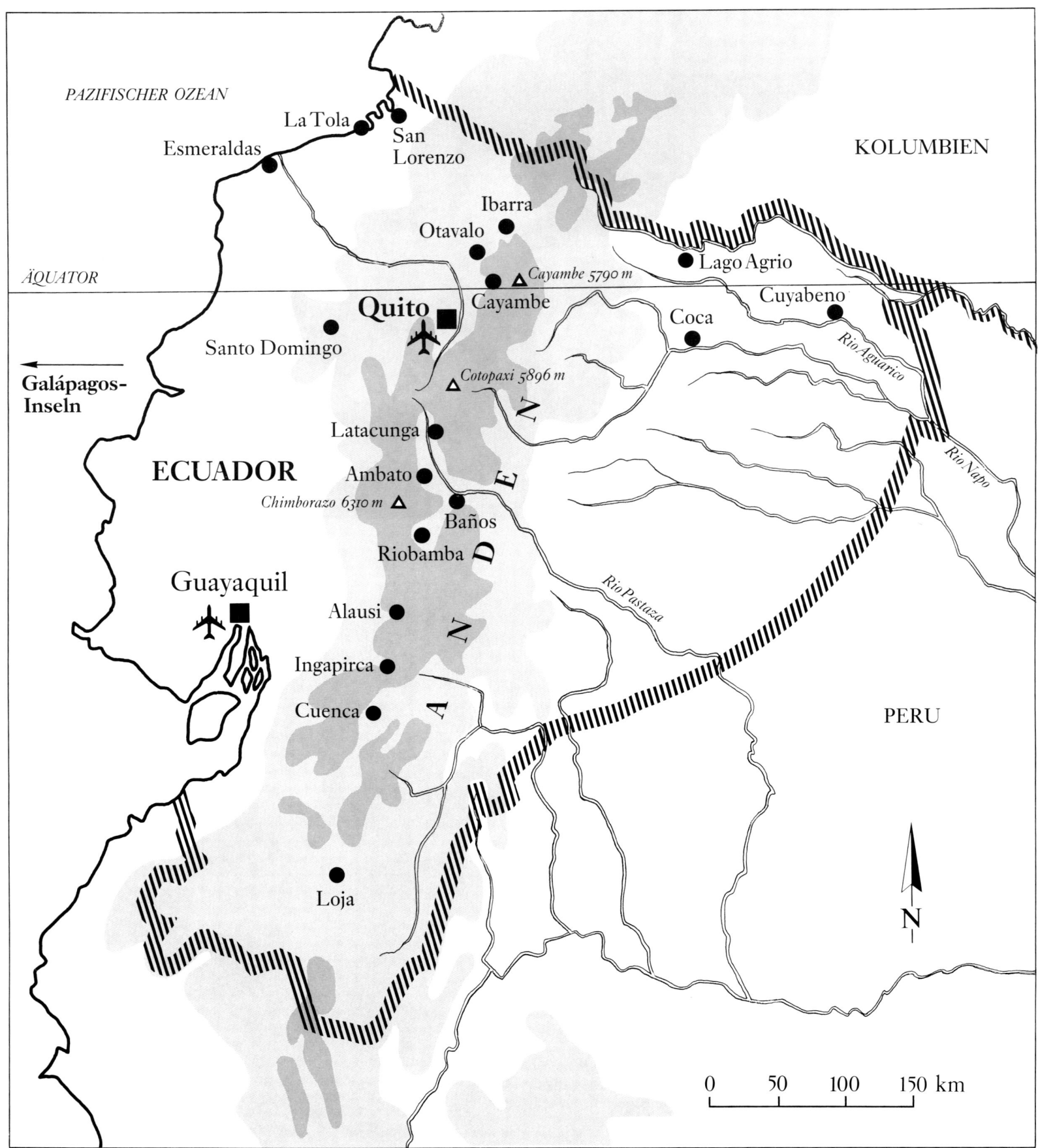

An Ecuadors Küste locken malerische, helle Sandstrände mit der Aussicht auf vorgelagerte Inseln. In Palmenhainen stehen kleine Bungalows, die nicht nur von den Südamerikanern gern besucht werden. Ein Tip für Genießer.

Dreißig Kilometer westlich von Esmeraldas finden wir Atacamas, den wichtigsten Badeort an Ecuadors Nordküste. Atacamas liegt sehr malerisch in einer mit Palmenhainen besetzten Bucht. Der Geheimtip aber ist Same, etwa zwölf Kilometer westlich von Atacamas. Ein wenig außerhalb bietet sich eine kleine, sehr schön gelegene Bungalowanlage inmitten von üppig blühenden Bougainvillea-Sträuchern als Unterkunft an. Der Gast genießt einen freien Blick aufs Meer. Ein Restaurant gehört mit dazu. Hier spricht die Chefin sogar deutsch.

Kurz nach Sonnenaufgang schlendern wir am nächsten Morgen am Strand entlang und erreichen bald das Fischerdorf Same. Hier können wir zuschauen, wie die Fischer mit ihren kleinen Piroggen anlegen. Einer nach dem anderen kommt vom nächtlichen Fischfang zurück. Wir haben sie schon in der Dunkelheit, vor Sonnenaufgang, beobachten können. Weit draußen auf dem Meer tanzten ihre großen Lampen wie Irrlichter über das Wasser.

Ein phantastisches Bild! Hier als Photograph unterwegs zu sein, bedeutet ständige Arbeit: Die verschiedenfarbigen Boote, die heranrauschende Brandung, die meist dunkelhäutigen Fischer, die ihre Boote unter Aufbietung aller Kräfte auf den Sandstrand schieben, bevor die nächste Welle sie wieder aufs Meer hinauszieht. Die Boote sind sehr unterschiedlich ausgerüstet. Manche haben kräftige Außenbordmotoren, andere sind noch auf die Armkräfte der Fischer angewiesen. Mühsam müssen sie hinaus aufs Meer und wieder zurück an den Strand gerudert werden. Am Strand wartet weitere schwere Arbeit. Die Netze werden geleert, die Fische aus den Maschen gelöst, größere an Ort und Stelle ausgenommen und manchmal auch sofort verkauft. Dann versammeln sich die Vögel, die schon lange warten. Die Geier rücken in großer Zahl immer näher, aber ebenso stürzen sich die in der Luft stehenden Fregattvögel hinab, um etwas zu erbeuten. Diesen Vögeln könnte ich stundenlang zusehen: Phantastische Flieger, die ihre Fähigkeiten aber auch dazu nutzen, sich gegenseitig in der Luft die Beute wieder abzujagen. Da läßt sich beobachten, daß ein gefangener Fisch mehrfach den Besitzer wechselt, bis es einem der Fregattvögel gelingt, endlich die Beute zu verschlingen.

Von Same nach Esmeraldas zurückgekehrt, fahren wir in der Nähe der Küste bis nach La Tola. Dort endet die Straße. Für diese Fahrt ließ sich leider nur ein kleiner »Pickup« auftreiben. Auf dem offenen Wagen werden wir ordentlich durchgepustet. Da der Fahrer uns zeigen will, wie schnell man trotz schlechter Straßenverhältnisse nach La Tola kommen kann, werden wir obendrein ganz schön durchgeschüttelt. Die letzten

Kaum haben wir die Panamericana und kurz darauf auch das Hochland verlassen, kommen wir auf dem Weg zur Küste über einen Höhenrücken. Landschaft und Vegetation verändern sich, es geht in den tropischen Regen- und Nebelwald. Die Steilhänge sind dicht bewachsen. In diesem Bereich ist es fast immer neblig, das klare Wetter heute ist eine große Ausnahme. Wir staunen über diese wilde, üppige Pflanzenwelt und finden viele kleine Orchideen, die an schattigen Felswänden blühen.

vierzig Kilometer der Straße sind noch nicht asphaltiert, hier fährt er etwas langsamer, als Ausgleich staubt es dafür um so stärker. Die Landschaft, die wir durchqueren, ist großartig. Weitläufige Weideflächen wechseln mit kleinen Waldinseln und Feldern, auf die einzeln alte Bäume herabsehen. Wir sind eingetaucht in vielfältiges Grün, das zahlreiche Reiher wie weiße Tupfer beleben.

Plötzlich ist die unbequeme Fahrt auf dem »Pickup« zu Ende, unmittelbar an einer großen Koppel, mit einer ganzen Herde rassiger, brauner Pferde. Es staubt gewaltig, wenn die Pferde von einem Teil der Koppel in den anderen preschen, hinter ihnen her die Reiter, die versuchen, einzelne Pferde mit dem Lasso aus der Herde herauszuholen. Eine unbändige Kraft und ein ungebrochener Wille, die Freiheit zu behalten, ist den Pferden angeboren. Sie werden nicht müde, immer wieder loszurennen, sowie sich ein Reiter mit einem Lasso nähert. Zu bändigen ist ein eingefangenes Pferd nur, wenn es von zwei Seiten mit einem Lasso gehalten wird.

Die Sonne steht fast senkrecht, als wir in La Tola ankommen, eine Bretterbuden-Stadt, unmittelbar am Wasser gelegen, umgeben von ausgedehnten Mangrovenwäldern. Boote fahren regelmäßig von La Tola in einer Art Linienverkehr zu verschiedenen Ansiedlungen in der näheren Umgebung. Die Boote sind etwa anderthalb Meter breit und ungefähr zwanzig Meter lang.

Sie bieten, je nach Beladung durch weiteres Gepäck, etwa zwanzig bis dreißig Personen auf Bänken an den Bordwänden Platz. Die grelle Äquatorsonne wird durch ein Sonnendach aus Tüchern abgehalten.

Unser Boot ist vollbeladen und zur Abfahrt bereit, als noch eine Gruppe eilig über den Anlegesteg kommt. In deren Mitte eine übermäßig dicke Frau, die gut ihre zweieinhalb Zentner wiegen dürfte. All die Leute kommen noch in das Boot. Das Einsteigen »der Dicken« ist allerdings eine Angelegenheit für sich. Drei kräftige Männer sind nötig, um sie vom Steg in das etwa ein Meter tieferliegende Boot herunter zu schaffen. Starker Wellengang darf jetzt nicht aufkommen, sonst kentern wir. Vermutlich kann ein Großteil der Passagiere nicht schwimmen. Nun bringt der Außenbordmotor das schwerbeladene Boot in Fahrt. Nach Überquerung einer großen Lagune halten wir zum ersten Mal an. Ein- und Aussteigen vollzieht sich wie im öffentlichen Nahverkehr.

Das riesige Lagunengebiet zwischen La Tola und San Lorenzo ist sehr fischreich. Die zahlreichen Pelikane machen gute Beute. Im Fluge steckt der braune Pelikan, der im tropischen Südamerika und an der Pazifikküste der Vereinigten Staaten zu Hause ist, den Kopf zwischen die Schultern. Er fängt

Bananen kennt bei uns jeder, vielleicht auch noch die Bananenstaude und ihre Blätter. Aber nur wenige haben schon einmal eine Blüte der Staude gesehen. Sie läßt bereits im Ansatz die spätere Frucht erkennen.

die Fische im faszinierenden Sturzflug. Aus etwa acht bis zehn Meter Höhe stürzen sich die großen und an Land so plump wirkenden Vögel plötzlich wie ein Pfeil in die Tiefe, drehen sich oft kurz vor dem Eintauchen ins Wasser noch einmal um die eigene Achse, und – schwupp – haben sie einen Fisch im dehnbaren Kehlsack ihres breiten Schnabels. Ein kurzer Schlenker mit dem Kopf und schon wird der Fisch verschlungen. Durch unser Boot lassen sich die Pelikane überhaupt nicht stören, sie sausen ganz dicht im Flug über uns hinweg, so daß man unwillkürlich den Kopf einzieht. Nach einer guten Stunde und mehrfachem Anlegen hat sich die Zahl der mitfahrenden Passagiere halbiert, das Boot liegt jetzt nicht mehr so beunruhigend tief im Wasser, obwohl unser »Schwergewicht« immer noch an Bord ist. Mit der größten Selbstverständlichkeit fährt unser Bootsführer auf die grüne Wand eines Mangrovendickichts zu. Unversehens öffnet sich ein kleiner Torbogen, und wir gleiten in eine andere, wesentlich kleinere Lagune.

Die Mangroven mit ihren langen Wurzeln – bei Ebbe scheinen sie auf Stelzen zu stehen – bedecken einen großen Teil der Küste des tropischen Südamerikas. Diese salzwasserresistenten Pflanzen bildeten einst große Hindernisse für die ersten Entdecker. Nur mit ausgezeichneter Ortskenntnis kann man durch dieses Gewirr von Sträuchern, Ästen und Wurzeln hindurchfinden.

Nach etwa zwei Stunden Fahrt durch das Labyrinth kommen wir wieder auf eine größere Wasserfläche, und bald tauchen am Horizont die niedrigen Bauten von San Lorenzo auf. Hier beginnt die Eisenbahnlinie nach Ibarra.

San Lorenzo liegt in einem riesigen Delta zwischen den Flüssen Rio Cayapas und dem Rio Mataje, der die Grenze zu Kolumbien bildet. Der kleine Ort ist nicht an das Straßennetz von Ecuador angeschlossen. Entweder kommt man vom Hochland mit dem Schienenbus oder, wie wir, von La Tola mit dem Boot.

Wildwasserfahrt auf dem Rio Toachi, eine herrliche Abkühlung im feucht-warmen Klima.

Diesem etwa sechzig Zentimeter großen Tamandua (Ameisenbär) sind wir überraschend bei unserer Wildwasserfahrt am Rio Toachi begegnet.

Die Colorado-Indianer leben in der Nähe von St. Domingo und gehören zu den wenigen Waldindianern Ecuadors westlich der Anden. Ihre Vorfahren aus der Sprachfamilie der Chibchas wanderten von Kolumbien ein.

Die Kerne der Achiote-Kapseln werden mit den Händen zerrieben, mit der entstandenen roten Paste streichen die Colorado-Indianer ihr Haar ein.

Unmittelbar an der Küste, auf der Fahrt nach La Tola, haben wir diese Koppel entdeckt: Eine wilde Szene, wie die ungebändigten Pferde zur Kennzeichnung eingefangen werden.

In Same an der Pazifikküste ist uns dieses Mädchen mit seinen dunklen Augen aufgefallen. Sie war sehr schüchtern und hat wohl selten Kontakt mit Fremden.

Wasser und Sonne haben aus abgestorbenen Bäumen bizarre Holzstrukturen herausgearbeitet.

Viele Stunden waren die Fischer von Same in der Nacht draußen auf dem Meer unterwegs. Jetzt wird der Fang am Strand verarbeitet und die Netze für die nächste Ausfahrt vorbereitet.

San Lorenzo ist nicht an das Straßennetz von Ecuador angeschlossen. Die Stadt ist nur vom Wasser aus zu erreichen oder vom Hochland mit dem Schienenbus. San Lorenzo hat schon bessere Zeiten gesehen, als der Hafen noch eine größere Bedeutung hatte.

Über die Höhen des Landes

Mit dem Schienenbus vom Pazifik zur Sierra und ein Versuch am Cayambe

Beim ersten Morgenschimmer sind wir schon auf dem Weg zum »Bahnhof«. Um sieben Uhr soll die Fahrt losgehen. In der Nacht hat es stark geregnet. Die Straßen in San Lorenzo sind schlammig. Hier und da sind Gehwege im Bau, die so hoch angelegt werden, daß man auch nach starken tropischen Regengüssen noch als Fußgänger unterwegs sein kann und nicht gleich ein Boot braucht. Ein buntes Treiben erwartet uns am Bahnhof. Zuckerrohr wird ausgepreßt und als Erfrischungsgetränk angeboten. Wir verkneifen uns das Probieren, da große Fliegenschwärme um die Getränke schwirren.

Die Geschichte der Eisenbahn in Ecuador begann im Jahre 1908 mit der Eröffnung der Strecke von Guayaquil nach Quito. Der Bau dieser Strecke war eine beachtliche Leistung. Auf der Gesamtstrecke von 452 Kilometer werden 3800 Meter Höhenunterschied überwunden, allein im Bereich der Nariz del Diablo, der Teufelsnase, 2300 Meter auf einer Strecke von sechzig Kilometer. Man kann auch heute noch die Leistungen der genialen Ingenieure und der unerschrockenen Bauarbeiter nur bewundern. Durch die Bahn wurden die Küste und das Hochland miteinander verbunden. Vor dem Bahnbau war es ein abenteuerliches Unternehmen, von Quito nach Guayaquil zu reisen. Mit Pferden und Booten war man zwei Wochen unterwegs. Mit der Bahn benötigte man dann nur noch zwei Tage. Heute schafft man die Reise in etwa zwölf Stunden, allerdings nur unter der Voraussetzung, daß die Bahnlinie nicht durch einen Erdrutsch unterbrochen ist.

Die 347 Kilometer lange Strecke von San Lorenzo über Ibarra bis nach Quito wurde erst 1957 in Betrieb genommen. Sie bietet eine der interessantesten Bahnfahrten überhaupt – von der Küste des Pazifiks hinauf auf die Sierra.

Aber was heißt hier Bahn? Auf den wackligen, nur fünfundsiebzig Zentimeter breiten Gleisen der Schmalspur fahren merkwürdige Triebwagen, die Autocarriles: Uralte Omnibusse, die auf Fahrgestellen von Eisenbahnwaggons montiert sind. Der Antrieb erfolgt vom Dieselmotor des Busses direkt auf die Räder des Fahrgestells. Jeder Wagen fährt und qualmt für sich.

Ein gewisser Nervenkitzel ist bei den Fahrten mit den Autocarriles garantiert. Bis genügend Wagen für alle Fahrgäste bereitgestellt worden sind, vergeht viel Zeit. Die Fahrkarten sind zwar vorbestellt, verkauft und ausgegeben werden sie aber erst hier am Bahnhof. Alfredo, unser ecuadorianischer Begleiter, rudert sich durch die Menge und hat für uns »Fensterplätze« organisiert. Die Sitze im Wagen sind sehr eng. Wir aber haben ausreichend Platz, da Alfredo und sein Freund sich auf das Dach verziehen. Dort sitzen sie auf unseren Seesäcken, was nicht ungefährlich ist, bei jedem Tunnel müssen sie rechtzeitig den Kopf einziehen.

Wegen des starken Regens der Nacht hängt über dem Tropenwald, durch den wir mit maximal vierzig Stundenkilometer fahren, eine feuchte Nebeldecke, was die geheimnisvolle Urwaldstimmung verstärkt. Links und rechts der Gleise streift der Zug frisch nachgewachsene, riesig große Blätter. Undurchdringliches Grün wuchert in allen Farbabstufungen. Die Bahn schlängelt sich anfangs um Mulden und kleine Hügel. Später kommen wir durch tief eingeschnittene Täler und Höhenzüge, die die Bahn in oft sehr engen Kurven überwindet.

Wir sitzen nicht weit vom Fahrer und staunen, wie er wild an seinem Lenkrad dreht. Die Kurbelei kommt mir sehr merkwürdig vor, da sie in keinem Zusammenhang mit den Kurven der Strecke steht. Auch bei langen Geraden wird gekurbelt, obwohl es gar nichts zu Lenken gibt. Erst sehr viel später kann ich das Rätsel lösen: Das Lenkrad wurde zur Handbremse umgebaut.

Für die Mitreisenden auf dem Dach sorgen kleinere und größere Tunnels für erfrischende Abwechslung, denn von der Tunneldecke tropft und regnet es manchmal recht kräftig: Vom Sprühregen bis zum Duschbad ist alles im Preis enthalten. Die Gleise sind nicht im besten Zustand, wir werden eintönig rhythmisch durchgeschüttelt. Sobald am Rande der Strecke irgendetwas auftaucht, wird unüberhörbar getutet.

In den tieferen Regionen des Urwaldes liegen die Haltepunkte und kleineren Bahnhöfe weit auseinander. Mit der Höhe wird das Klima angenehmer und die Stationen sind dichter beieinander.

Einen längeren Aufenthalt hat der Zug in Lita, das schon 512 Meter hoch 92,3 Kilometer von San Lorenzo entfernt liegt. Das Bahnhofsgelände sieht aus wie ein kleines Dorf mit vielen Holzhütten. Es sind Imbißbuden. Sofort nach der Ankunft ist der Wagen dicht belagert von den hier lebenden Frauen, Kindern und Männern, die den Mitfahrenden Früchte, Gemüse und Getränke verkaufen wollen. Getränke gibt es in fest verschlossenen Flaschen, die wir bedenkenlos kaufen.

Rasch folgen dann die Stationen Cachaco und Rocafuerta. Jedesmal drängen mehr Leute in den Wagen, so daß wir froh um unsere Platzkarten sind. Es ist kaum zu glauben, wer und was alles in dem Wagen Platz findet. Säcke mit Zwiebeln und Getreide, Körbe mit Obst und Gemüse werden im Gang aufgeschichtet. Obendrauf finden noch Schachteln voller Federvieh sowie ein lebhaftes Völkchen von Kleinkindern Platz. Auf dem Dach türmen sich die Bananenstauden und weiteres Gepäck. Eine Fahrt, bei der wir so richtig das pralle, temperamentvolle Leben in Ecuador kennenlernen.

Mit zunehmender Höhe ändert sich das Landschaftsbild. Der Wald wird immer lichter, es folgen Abschnitte, auf denen nur noch vereinzelt Bananenpflanzen zu finden sind. Noch etwas höher winden sich die Bahngleise an freien Hängen entlang, das Hochland ist erreicht. Die Fahrt endet in Carchi. Leider! Ein Erdrutsch blockiert die Strecke, und bisher konnten die Erdmassen nicht weggeschafft werden. Also müssen wir auf Autos umsteigen. Auf dem Bahnhof in Carchi gibt es ein großes Gedränge. Jeder versucht, in einem der Fahrzeuge einen Platz zu ergattern, um nach Ibarra zu kommen. Wir erwischen einen großen, fast neuen LKW. Für zwei Stunden erleben wir eine großartige, weite Landschaft, die von hohen Bergketten eingefaßt wird. Die Fahrt durch die Sierra ist ein großartiger Abschluß unserer Reise vom tropfnassen Urwald bis zu den Andenketten Ecuadors.

»Verkaufsschlacht im Morgengrauen« lese ich in einem Reiseführer, der auf den berühmten Samstagsmarkt in Otavalo hinweist. Dieser Markt in Otavalo, weniger als dreißig Kilometer südlich von Ibarra, gehört zu den großen Attraktionen des Landes. Wer die Möglichkeit hat, hierher zu kommen, darf sich das überaus farbenprächtige Markttreiben nicht entgehen lassen.

Wir stehen sehr früh auf und verzichten auf das Frühstück im Hotel in Ibarra, um auf jeden Fall schon vor sieben Uhr, mit dem ersten Tageslicht, am Markt zu sein. Auf den fünfundzwanzig Kilometern von Ibarra nach Otavalo können wir beobachten, wie die Indios der gesamten Umgebung mit Sack und Pack zum Markt ziehen – mit Autos, Karren, Tragtieren oder zu Fuß.

Die Heimat der Otavalos ist eine Bilderbuchlandschaft in der Provinz Imbabura, mit Seen, Wiesen, Weiden und Dörfern. Diese verhältnismäßig hellhäutigen Indios haben sich innerhalb einer Generation aus eigener Kraft emporgearbeitet und eine nie dagewesene wirtschaftliche Blüte erreicht. Durch intensiven Handel, Landerwerb und kaufmännisches Geschick, zusammen mit großer Sparsamkeit, haben sie eine ganze Region zu bescheidenem Wohlstand gebracht. Heute sind sie in allen Gebieten Ecuadors und den angrenzenden südamerikanischen Ländern ebenso zu finden wie im fernen Nordamerika. Ein Otavalo ist an seiner traditionellen Tracht leicht zu erkennen: Weiße Hose, blauer Poncho, oft ein schöner langer Zopf und ein guter Filzhut. Die Frauen schmücken sich gern mit bunt bestickten Blusen, vielen Halsketten und tragen ebenfalls einen Filzhut.

Wir sind viel zu früh am Markt. Es ist nicht mehr so wie noch Ende der sechziger Jahre, als gegen acht Uhr die schönsten Stücke schon verkauft waren. Damals war es ein Markt von Indios für Indios, heute ist Otavalo eine Touristenattraktion. Da die Fremden aus Quito mit Bussen und Privatwagen nach dem Frühstück im Hotel aufbrechen, treffen sie erst zwischen neun und zehn Uhr in Otavalo ein. Darauf haben sich die geschäftstüchtigen Indios eingestellt.

Der Markt ist berühmt für die von den Otavalos handgewebten, farbenprächtigen Textilien, die Ponchos, Decken, Tapisserien, Wandbehänge, die handgestrickten Schafwolljacken, Pullover aus Alpaca- und Lamawolle. Das Angebot ist vielfältig und für uns auch recht preiswert. Früher gab es hier keine Verkaufsstände. Die Indios standen in genau ausgerichteten Reihen, wie beim Appell in der Kaserne, und hatten die Waren vor sich aufgestapelt. Später wurde der Platz gepflastert und Stände errichtet. Das war ein verkaufsfördernder Einfall, denn jetzt konnten die Indios ihre Waren um sich herum, für jedermann gut sichtbar, ausbreiten.

Wir sind vollauf damit beschäftigt, das Markttreiben zu beobachten und zu photographieren, was uns mehr Film kostet als gedacht, zumal die Textilien zwar der berühmte, aber eben nur ein Teil des gesamten Marktes sind. Eine Seite der Plaza Centenario ist für Lebensmittel reserviert. In den angrenzenden Gassen, wo die Indios fast ausschließlich unter sich sind, werden Obst und Gemüse, Bananen und Kartoffeln angeboten. Hier kann man auch heute noch ursprüngliche Szenen beobachten, zum Beispiel wie quiekende Meerschweinchen genau untersucht und betastet werden, bevor sie den Besitzer wechseln.

Vom Markt in Otavalo fahren wir am Nachmittag zur Hacienda Zuleta. Eine schmale Straße mit gutem Kleinpflaster führt uns schnell auf die Höhen. Ödes Bergland wechselt mit bewirtschafteten Feldern, die in den Tallagen meist bewässert sind. Weit verstreut liegen die Häuser der Indios, die auf der Hacienda arbeiten und nebenher ihre eigene kleine Scholle bestellen. Die durchbrechende Sonne unterstreicht noch die harten Kontraste der Landschaft. Zuleta ist die größte Hacienda in Ecuador. Die beeindruckende Anlage stammt noch aus der Zeit der spanischen Eroberer.

Wir begegnen einer Frau, die ihre Schafe zur Weide treibt. Ihr blauer Umhang steht in malerischem Kontrast zu den hier vorherrschenden gelben und braunen Pastelltönen. Hier hüten meistens Frauen oder Kinder die Schafe und Ziegen. Diese Tiere wurden von den Spaniern mitgebracht und sind in Ecuador heimisch geworden. Sie sind ein Notgroschen, wenn die Felder nicht genügend Ertrag bringen.

Vor uns versetzt der Wind ein Weizenfeld in wellenartige Bewegung. Dies erinnert mich an eine Schilderung einer Begegnung Alexander von Humboldts. Bei der Besichtigung der Ruinen der Residenz Atahualpas bei Cajamarca kam er mit dem Kaziken Astorpilco, einem direkten Nachfahren des Inka-Herrschers Atahualpa ins Gespräch: »Habt Ihr nicht bisweilen Lust, in Eurer Bedürftigkeit, nach den nahen Schätzen Eurer Väter zu graben?« »Solch ein Gelüste kommt uns nicht; der Vater sagt, daß es sündlich wäre. Hätten wir die goldenen Zweige samt ihren goldenen Früchten, so würden uns die weißen Nachbarn hassen und schaden. Wir besitzen ein kleines Feld und guten Weizen.«

Die riesigen Haciendas im Besitz der Weißen prägen auch heute noch weite Teile des Anden-Hochlandes. Die Reformen haben zwar das Feudalsystem aufgeweicht, aber immer noch arbeiten nur die Indios auf den Latifundien. Die große Distanz zwischen dem weißen Besitzer, dem Patron, und seinen Lohnarbeitern ist geblieben. Nur bei den großen Festen der Indios schwinden die Berührungsängste zwischen beiden Seiten. Überhaupt ist der heutige Patron auf Zuleta sehr beliebt, denn die Indios, seine damaligen Huasipungueros, haben nicht vergessen, daß er ihnen zu Beginn der sechziger Jahre als einer der ersten Großgrundbesitzer das Land überschrieben hatte. Oft waren es nur kleine Parzellen an Steilhängen oder hoch oben auf dem Páramo, aber doch Land, das nun wieder ihnen gehörte und von dem sie nicht mehr vertrieben werden konnten. Ebenso wurde die Lohnarbeit eingeführt. Bis dahin mußten die Indios als Gegenleistung für die ihnen als Lehen überlassenen Felder, von denen sie jederzeit verjagt werden konnten, auf der Hacienda ohne Lohn arbeiten.

Von Otavalo sind es etwa vierzig Kilometer bis nach Cayambe, unserem nächsten Ziel. Die Stadt mit etwa 30 000 Einwohnern breitet sich in einer Höhe von 2500 Metern an den Ausläufern des eis- und schneebedeckten gleichnamigen Vulkanmassivs aus, das in einem reichen Viehzuchtgebiet liegt und für seine Milch- und Käseprodukte bekannt ist. Der Cayambe ist ein teils heute noch aktiver Vulkan und mit 5790 Meter der höchste Berg direkt am Äquator.

Von Cayambe führt eine schmale Straße durch eine großartige Landschaft von Berghügeln, Feldern, Wiesen und kleinen und größeren Indioansiedlungen hinauf zur Cayambe Hütte auf 4800 Meter Höhe. Ein Großteil der Straße ist mit Kleinpflaster befestigt und im unteren Teil auch gut zu befahren. Etwa fünf Kilometer oberhalb der Ortschaft begegnet uns ein Geländewagen. Wir weichen aus und staunen: Von oben kommt ein Läufer und in größeren Abständen folgen weitere. Alle haben auf dem Rücken ein kleines Bündel, manche auch einen Rucksack. An Rücken und Beinen läuft Wasser herunter, die Schuhe sind ganz naß. Immer mehr Läufer, darunter auch Frauen, kommen von oben, dazwischen immer wieder Begleitfahrzeuge mit begeisterten Leuten, die ihre Favoriten anfeuern. Bald erfahren wir auch, was hier los ist. Heute früh sind die Läufer an der Cayambe Hütte gestartet, mit einem großen Brocken Gletscher-Eis. Der Crosslauf bis in den Ort Cayambe ist neunundreißig Kilometer lang. Die Wegstrecke ist im oberen Teil ausgesprochen schlecht. Trotzdem wird der schnellste Läufer nach vier Stunden in der Stadt Cayambe erwartet. Der Crosslauf ist in verschiedene Klassen eingeteilt, die Wertung erfolgt je nach Gewicht des mitgeschleppten und am Ziel noch übriggebliebenen Eisbrockens. Der Sieger mit der größten Last erreicht Cayambe erst im Dunkeln, nach neun Stunden!

Wir fahren erst weiter, nachdem die meisten Läufer an uns vorbei sind. Mit zunehmender Höhe wird die Landschaft karger. Das Wetter wird schlechter, wir sind nur noch ganz knapp unter der Wolkendecke, gelegentlich fällt leichter Regen. Die Straße ist jetzt nur noch eine Piste, durch den Regen der vergangenen Tage stark aufgeweicht und auf ebenen Abschnitten eine richtige Moraststrecke. Marco, unser Fahrer, muß immer wieder tricksen, um weiterzukommen. An einem Steilstück mahlen sich die Räder tief in den Schlamm, doch nach dem dritten Anlauf mit kräftigem Schieben geht es weiter.

Marco schafft noch die folgenden zwei Kehren, dann bleibt das Geländefahrzeug endgültig stecken, so daß wir etwa zweihundert Höhenmeter bis zur Cayambe Hütte mühsam aufsteigen müssen. Mit den schweren Rucksäcken spüren wir sehr deutlich die große Höhe. Wir sind eben noch nicht lange genug in den Bergen von Ecuador. Der letzte Teil des Weges führt durch Schneematsch, durch den am Morgen die Läufer mit Turnschuhen gerannt sind. Mit ein bißchen Phantasie kann man sich die Füße der Läufer in Cayambe vorstellen, wenn schon hier oben die Schuhe durchgeweicht wurden. Als wir die fast auf Mont Blanc-Höhe gelegene Hütte erreichen, verziehen sich die Wolken und die Sonne bricht durch. Unsere Hoffnung auf gutes Wetter steigt. Bei Nebel und Schneetreiben wäre an eine Besteigung nicht zu denken. Am späten Nachmittag ist sogar der Gipfel für einige Minuten ganz wolkenfrei. Deutlich ist der Aufstieg zu erkennen, der unter einem bedrohlich aussehenden Hängegletscher entlangführt. Deshalb ist nach starken Neuschneefällen eine Besteigung wegen Lawinengefahr zu riskant. Darüber hinaus ist die Spaltengefahr an allen Vulkanen in Ecuador sehr groß. Durch die starke Sonneneinstrahlung

Vor einer guten Stunde sind wir mit dem Boot von La Tola kommend in San Lorenzo eingetroffen und schlendern jetzt durch den Ort. San Lorenzo ist ein Beispiel für die große Vielfalt in Ecuador. Klima, Menschen, Farben und Stimmungen – eine faszinierende Mannigfaltigkeit.

und durch die Strahlungswärme der Vulkane selbst fließen die Gletscher sehr schnell und unregelmäßig. So bilden sich hier besonders tückische Gletscherspalten.

Die Hütte ist mit zwei Stockwerken unverhältnismäßig groß. Matratzen besorgt unser Bergführer William beim Hüttenwart. Wir sind auf der Hütte ganz unter uns. Außer dem Hüttenwart, unserem Begleiter Alfredo und William sind nur noch der Koch und sein Gehilfe hier. Die Küche ist nach kurzer Zeit der wärmste Platz im Hause.

Meine Frau und ich sind immer wieder erstaunt, welch großer Aufwand hier in Ecuador, wie auch in anderen südamerikanischen Ländern, vor einer Bergbesteigung getrieben wird. Für das heutige Abendessen und das Frühstück vor der Tour sind zwei riesige Körbe mit Verpflegung und Küchenutensilien zur Hütte heraufgeschleppt worden.

Am Äquator wird es frühzeitig dunkel. Es ist kurz nach sechs Uhr abends und schon steht rechts neben dem Cayambe Gipfel der Mond und erste Sterne leuchten. Die Kälte kriecht langsam in die Hütte und unter die Daunenjacke. Mit William habe ich abgesprochen, daß wir bereits um ein Uhr aufstehen und um zwei Uhr aufbrechen wollen. Stirnlampen und Batterien sind in Ordnung. Gegen 19.30 Uhr ist das Abendessen endlich fertig. In der Höhe aber will sich kein richtiger Appetit einstellen.

Bald nach dem Essen verkriechen wir uns in die warmen Daunenschlafsäcke und schlafen trotz der Höhe ein. Vom stürmischen Wind, der um die Hütte tobt, wache ich aber immer wieder auf. Im Laufe der Nacht haben wir beide das Gefühl, daß bei noch stärkerem Wind das Hüttendach wegfliegt. Es klingt gespenstisch, wie der Sturm durch die Drahtverspannungen heult.

Nach unruhigem Schlaf schaue ich um ein Uhr aus der Hütte: Stürmischer Wind und dazu noch leichtes Schneetreiben! Die Hoffnung auf Wetterbesserung ist gering. William kommt auch heraus, und wir sind uns einig, daß es unsinnig wäre, jetzt loszugehen. Um vier Uhr das gleiche Bild. Es bleibt uns nur der Verzicht, denn durch den Neuschnee ist auch in den nächsten Tagen nichts zu machen. Schade, aber wir haben ja noch zwei weitere Ziele, den Cotopaxi und den Chimborazo.

Der »Zug« hält in Lita. Sofort ist der Wagen dicht umringt von den hier lebenden Menschen, die etwas verkaufen wollen: Früchte, Gemüse und Getränke.

Markttag in Otavalo. Für alle Besucher ein farbenprächtiges Erlebnis. Die Otavalos sind bekannt für ihren Fleiß und ihr kaufmännisches Geschick. Sie haben einer ganzen Region bescheidenen Wohlstand gebracht.

Für diese jungen Mädchen ist der Markttag wichtig, ist er doch auch ein Treffpunkt für die Menschen aus den umliegenden Dörfern.

Quito, die Hauptstadt von
Ecuador, liegt am Fuße des Vulkans
Pinchincha. Das Bild vermittelt
die frühlingshafte Frische
in der Luft.

Geschichte und Gegenwart

In der Hauptstadt Quito

Kaum hatten die Spanier im Jahre 1534 Quito gegründet, wurde die Plaza San Francisco angelegt. Der Platz wurde zu einem populären Treffpunkt nach der Messe in der Klosterkirche. Hier zeigt sich deutlich, daß nicht die Inkakultur, sondern der Kolonialbarock mit seinen spanisch-maurischen und einzelnen indianischen Stilelementen die Altstadt von Quito prägen.

Heute ist Quito eine moderne Stadt mit knapp einer Million Einwohnern. Auf 2850 Meter Höhe gelegen ist sie, nach La Paz, die zweithöchste Hauptstadt der Welt. Obwohl der Äquator nur fünfundzwanzig Kilometer entfernt verläuft, ist die Luft frühlingshaft frisch. Dampfenden Urwald und große Hitze, die man vielleicht erwarten würde, gibt es in Quito nicht.

Jeder Besucher Ecuadors wird sich wohl gern einige Tage in Quito aufhalten. Außer dem Regierungsviertel und den beiden größten Universitäten des Landes gibt es zahlreiche Sehenswürdigkeiten und Museen. Besonders ziehen die Kirchen, Kathedralen und Klöster die Besucher – aber auch die Taschendiebe – an. Während unseres gesamten Aufenthaltes in Ecuador war nur hier erhöhte Vorsicht geboten.

Insgesamt aber macht Quito einen ruhigen Eindruck. Der Rang, die größte und bedeutendste Stadt in Ecuador zu sein, ging schon vor vielen Jahren an Guayaquil verloren, denn im heißen Klima dieser Hafenstadt werden die großen Geschäfte gemacht und die Zukunft des Landes bestimmt.

An dieser Stelle einige Worte zur Geschichte Ecuadors. 1956 wurde in der Provinz Guayas durch Keramikfunde die bisher älteste Kultur Südamerikas entdeckt. Sie wurde nach dem Fischerdorf Valdivia an der nördlichen Küste benannt. Einige Stücke konnten von ecuadorianischen Archäologen auf etwa 3200 v. Chr. datiert werden. Es ist anzunehmen, daß diese Kultur einen starken Einfluß auf andere Gebiete ausübte.

Um das Jahr 900 hatte der Volksstamm der Quitu in der Andenregion ein Königreich geschaffen. Zu dieser Zeit verließ der Stamm der Cara die Küste und zog ostwärts. Nach und nach unterwarf er alle Gebiete, die von den Quitu beherrscht wurden. Bis etwa 1300 wurde das von den Cara getragene Königreich der Quitu nach Norden bis in das Gebiet des heutigen Kolumbien und im Süden bis zum Stammesgebiet der Puruhá in der heutigen Provinz Chimborazo ausgedehnt.

Später kam es zum Bündnis mit den Puruhá. Auch die Cañari und Stämme von der Küste schlossen sich ihnen, wahrscheinlich aus Sicherheitsgründen gegenüber dem mächtigen Reich der Inka, freiwillig an. Der Kampf zwischen diesen beiden Machtblöcken zog sich mit wechselnden Ergebnissen bis ins 16. Jahrhundert hin.

Nach anfänglichen Siegen der Inka brachten ihnen die Cara immer wieder empfindliche Niederlagen bei. Erst dem dreizehnten Inkaherrscher Huayna Capac gelang es 1475, die Cara bis nach Otavalo und Cayambe zurückzutreiben. Die Entscheidung fiel kurz darauf. Die einzige Erbin des Reiches, Prinzessin Paccha, heiratete Huayna Capac, und das Königreich der Quitu existierte nicht mehr.

Die Inka festigten ihre Macht durch Errichtung von Verwaltungszentren, die Erweiterung ihres berühmten Straßensystems, und indem sie den Besiegten ihre Sprache, das Quechua, aufzwangen.

Unter Huayna Capac begann aber auch der Verfall dieses Reiches. Er stellte die Allmacht der Sonne in Frage und zog sich damit den Zorn der Priester zu. Außerdem war er, im Vergleich zu seinen Vorgängern, für seine Grausamkeit gegenüber den unterworfenen Stämmen berüchtigt. Den Ausschlag gab aber die Aufteilung des Reiches zwischen seinem Sohn Huascar, dem rechtmäßigen Erben, und dessen Halbbruder Atahualpa, Sohn der Nebenfrau Paccha. Aus dem späteren Bruderkrieg ging Atahualpa als Sieger hervor. Das geschwächte Inkareich wurde wenige Jahre später von Francisco Pizarro und seinen spanischen Kriegern erobert.

Sebastián de Benalcázar besetzte den nördlichen Teil des Landes und gründete an der Stelle der Hauptstadt des ehemaligen Königreiches der Quitu am 6. Dezember 1534 die Stadt San Francisco de Quito. Dies war der Beginn einer fast dreihundertjährigen spanischen Kolonialherrschaft über Ecuador (1532–1822). Die Befreiung von den Spaniern wurde am 23. September 1830 besiegelt, als die Verfassung in Kraft trat, mit der das Land seine Geschichte als autonome Republik selbst in die Hand nahm. Seither heißt es Ecuador.

Nach diesem Abstecher in die Geschichte wollen wir einen Rundgang durch die Altstadt von Quito bei der 1597–1765 erbauten Kirche La Compañía beginnen. Schöner und prächtiger als diese von den Jesuiten errichtete Kirche soll keine in Nord- und Südamerika sein. Das ist sicher eine Geschmacksfrage: Uns kann die kaum zu überbietende Anhäufung von vergoldeten Säulen und Figuren im Bereich des Hochaltars nicht überzeugen.

In der Altstadt von Quito quirlt und brodelt das Leben. Neben den Kathedralen und Palästen aus der Feudalzeit der Spanier beobachten wir die Vorbereitungen für ein Straßenschauspiel. Auf dem großen Platz spielt eine Band und lockt die Besucher in Scharen an.

Wirklich beeindruckend fanden wir hingegen die Klosterkirche San Francisco, deren Bau schon kurz nach der Gründung Quitos begonnen wurde. Das Portal der Kirche und die Gebäude des Klosters nehmen eine Längsseite der leicht ansteigenden Plaza San Francisco ein. Die große Treppe zum Hauptportal besteht im unteren Teil aus konkaven und im oberen Teil aus konvexen Stufen. Durch diese Treppenanlage fügt sich die Kirche sehr harmonisch in die Plaza ein. Eine großartige Anlage! Leider stürzten 1868 die früher einmal doppelt so hohen Türme bei einem Erdbeben ein.

Wir lassen uns durch die vergleichsweise schlichte Fassade zunächst täuschen. Im Inneren jedoch erwarten uns atemberaubende Kostbarkeiten. Die Holzdecke im Mudéjar-Stil ist prächtig mit Gold und Silber geschmückt. Da stehen, von Caspicara geschnitzt, die zwölf Apostel, da ist das reichhaltig ausgestattete Chorgestühl. Zahlreiche bedeutende Gemälde und Skulpturen stellen überwiegend das Leben des heiligen Franziskus dar.

Draußen vor der Klosterkirche steht das Standbild des flämischen Franziskanerfraters Jodoco Ricke, der in Ecuador den Weizen eingeführt hat. Wir erleben am Sonntagmorgen in der Kirche ein buntes Völkergemisch. Die Kinder kommen festlich gekleidet. Sie sind der ganze Stolz ihrer Eltern. Junge Männer und Jugendliche bleiben in unserer Nähe stehen. Wir behalten sie fest im Auge, denn sie beobachten genau, wie wir im dunklen Portalbereich mit Stativ und Kamera hantieren. Ein Jugendlicher traut sich, uns anzusprechen. Er möchte zu gerne einen Blick durchs Objektiv werfen. Er darf, aber als mehrere seiner Freunde auftauchen, wird uns die Situation etwas unbehaglich, und wir wehren sie ab. Ein strenger Kirchenhüter erscheint und einer nach dem anderen geht in die vorderen Bänke, um am Gottesdienst teilzunehmen. Indes finden wir Muße, die Kirche näher zu betrachten und einige Aufnahmen zu machen.

Wir feiern die Sonntagsmesse mit und erleben die Freundlichkeit der Kirchenbesucher. Ganz natürlich reicht man auch uns, den Fremden, die Hand zum Friedensgruß. Nach dem Gottesdienst bleiben nur wenige Menschen in der Kirche zurück.

Ein Indio fällt uns auf. Er hat sich eine Kerze angezündet, um in der dunklen Kirche besser in seinem Gebetbuch lesen zu können. Er ist so sehr in seinen Text versunken, daß er nicht bemerkt, wie nach dem Umblättern das Wachs seiner Kerze auf die Bank tropft. Dieser betende Mann hat nur das Nötigste zum Leben. Sein Poncho läßt erkennen, daß er täglich getragen wird, und sein sonnenverbranntes Gesicht verrät den Landarbeiter. Wir hoffen, daß wir ihn unbemerkt und ohne ihn zu stören photographiert haben.

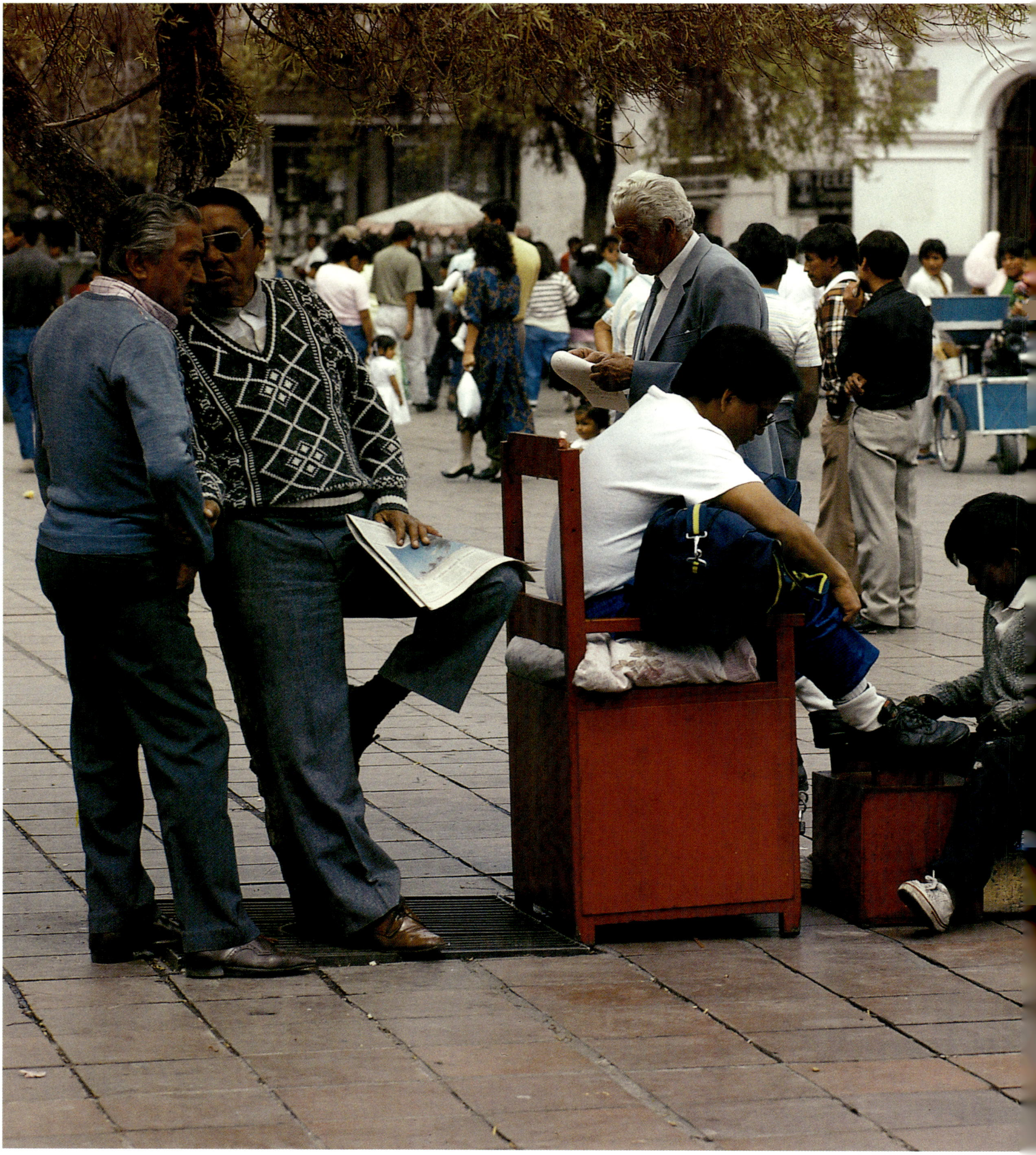

Wie überall in Südamerika gehören auch in Quito und den anderen Städten Ecuadors die Schuhputzer zum Straßenbild.

Plaza de la Independencia in Quito. Gegenüber der Kathedrale steht dieses malerische Gebäude aus der Kolonialzeit. Mittlerweile wird eifrig Denkmalpflege betrieben und manch altes Gebäude restauriert.

Diese Ansicht des Altarraumes in der Klosterkirche San Francisco in Quito vermittelt einen Eindruck von der Pracht und Fülle der vergoldeten Säulen und der zahlreichen Figuren.

Wir sind nach dem Sonntagsgottesdienst noch in der Kirche geblieben. Im Halbdunkel fällt uns dieser Mann auf, der eine Kerze angezündet hat, um zu beten.

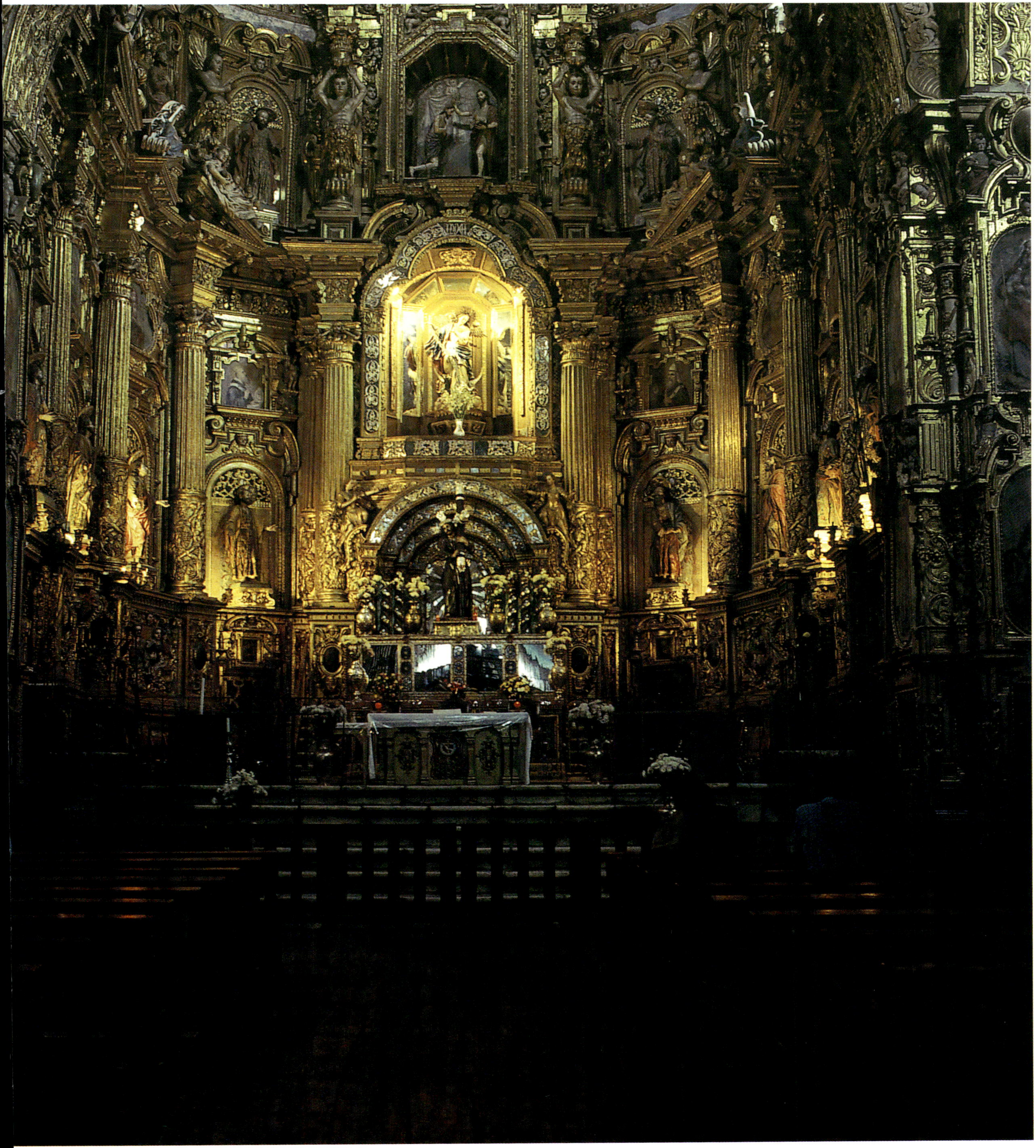

Den ganzen Tag war der Cotopaxi in Wolken gehüllt. Erst am Abend, als wir in der Hacienda La Ciénega sind, lösen sich die Wolken auf. Ein letzter rötlicher Lichtschimmer liegt auf den Gletschern des Cotopaxi. Dieses Bild ist eine kleine Entschädigung für den Rückzug am Berg.

Herausforderung Cotopaxi

Am höchsten tätigen Vulkan der Erde

Auf der Panamericana, oder – viel romantischer – »Avenida de los Volcanos«, fahren wir von Quito aus nach Süden. Die Grenze zwischen der Provinz Pinchincha, zu der Quito gehört, und der Provinz Cotopaxi verläuft über einen Höhenrücken. Links und rechts der Straße liegen weite Gebiete mit Nadelholzforsten. Vor etwa fünfzehn Jahren hat Ecuador damit begonnen, neben den von den Spaniern eingeführten Eukalyptusbäumen auch Nadelhölzer heimisch zu machen. Im Bereich des Cotopaxi Nationalparks wurden große Flächen aufgeforstet. Bereits heute zeigt sich allerdings, daß dieser Versuch gescheitert ist. Die Bäume sind durch zu dichte Pflanzung stark von Krankheiten befallen und es ist abzusehen, daß sie eingehen werden.

In Chasqui, sechzig Kilometer südlich von Quito, verlassen wir die Panamericana nach Osten und fahren in den Cotopaxi Nationalpark. Er wurde als erster Nationalpark Ecuadors auf dem Festland eingerichtet, nachdem schon die Galápagos-Inseln im Pazifik unter Naturschutz gestellt worden waren. Mit einer Größe von 360 Quadratkilometern umfaßt der Cotopaxi Nationalpark auch den nördlich gelegenen, 4712 Meter hohen Rumiñahui.

Wir haben uns einer Trekking-Gruppe angeschlossen, die einige Tage im Nationalpark wandern möchte, um dann gut akklimatisiert den Cotopaxi besteigen zu können. Das Wetter ist ausgesprochen schön, weit und breit keine Wolke. Der Cotopaxi zeichnet sich mit seinem vergletscherten Gipfel klar gegen den tiefblauen Himmel ab. Dieser herrliche Vulkankegel, der sich noch dreitausend Meter über dem Grün der umliegenden Ebene erhebt, besticht durch seine perfekte Symmetrie.

Mit seinen 6005 Metern – andere Quellen sprechen von 5898 Metern – ist der Cotopaxi der höchste aktive Vulkan der Welt. Der erste schriftlich belegte Ausbruch des Cotopaxi erfolgte 1534 und entsetzte die Spanier, die gerade Quito gegründet hatten. Lange Zeit danach blieb der Vulkan ruhig. Aber in den Jahren 1742, 1743 und 1744 suchte er die Gegend mit verheerenden Ausbrüchen heim. Weitere Eruptionen folgten 1803 und 1854. Am 26. Juli 1877 forderte der Vulkan wiederum zahlreiche Menschenleben. Die Auswirkungen der Katastrophe sind noch heute sichtbar.

Nach einer etwa fünfundzwanzig Kilometer langen Fahrt über eine gute Straße kommen wir in das ehemalige Tal von Limpiopungo. Inzwischen wurde es durch verschiedene Ausbrüche des Cotopaxi mit Schlamm und Geröllmassen aufgefüllt. Im Südwesten der Ebene ragt die dunkle, schwarze Felswand des Rumiñahui auf. Kurz nach der Laguna Limpiopungo, einem kleinen, schon stark verlandeten See, errichten wir unsere Zelte auf der Nordwest-Seite des Cotopaxi in etwa 4000 Meter Höhe. In der Nähe rauscht ein kristallklarer Gebirgsbach. Von unserem Camp beobachten wir Wildpferde. Immer auf einen großen Fluchtabstand bedacht, weiden sie in der riesigen und weithin überschaubaren Ebene des Páramo. So wird die kaltfeuchte Vegetationszone genannt, die in den Anden zwischen der 3500 bis 3600 Meter hohen Baumgrenze und der 4600 bis 4750 Meter hohen Schneegrenze liegt. Hier halten sich nur Pflanzen, die sich den extremen Lebensbedingungen angepaßt haben, zum Beispiel Büschelgrasfluren. In dieser Zone gibt es während des ganzen Jahres Nachtfröste, so daß keine landwirtschaftliche Nutzung möglich ist.

Unsere Zelte stehen im Windschatten eines mit Ischugras bewachsenen Steilhanges, der den Blick auf den unteren Teil des Cotopaxi versperrt. Mit tiefersinkender Sonne werden die Farben immer schöner. Ich steige zusammen mit meiner Frau den Hang hinauf, um einen guten Standpunkt für einige Bilder zu finden. Nach den Tagen an der Cayambe Hütte spüren wir die Höhe von über 4000 Meter kaum. Der kurze Anstieg wird mit einem großartigen Blick zum schneebedeckten Cotopaxi belohnt. Das Abendlicht verzaubert mit der Landschaft auch uns. Faszinierend ist nicht nur der gewaltige Berg. Im Verborgenen zu unseren Füßen wartet eine große Überraschung: Gut geschützt durch die bis zu einem Meter hohen Ischugrasbüsche wachsen zahlreiche Blumen dicht am Boden; rote, gelbe, blaue und rosa Blüten, deren Namen wir nicht kennen. Noch lange genießen wir hier oben die milden Strahlen der Sonne. Im Gegenlicht steht uns gegenüber finster der Rumiñahui.

Am frühen Vormittag ist die ganze Gruppe zur Laguna Limpiopungo unterwegs. Eine schöne Wanderung führt uns durch niedriges Buschwerk auf einen Höhenrücken, der direkt an das Felsmassiv des Rumiñahui heranreicht. Als Eingehtour wollen wir zu viert diesen Berg besteigen.

Sein Name, der in Quechua »Das steinerne Gesicht« bedeutet, paßt zu diesem erloschenen Vulkan. An verschiedenen Stellen kann man mit etwas Phantasie versteinerte Gesichter in der Felswand erkennen. Der gleichnamige, berühmte Inkafeldherr Rumiñahui soll ein wie aus Stein gemeißeltes Gesicht besessen haben, und sein Wille und Charakter sollen »unerschütterlich wie Stein« gewesen sein.

Dieser Mann hatte eine außergewöhnliche Karriere. Im Inkareich konnten nur Männer des Adels eine bedeutende Stellung im Heer oder im Beamtenapparat erreichen. Rumiñahui aber wurde in einfachen Verhältnissen, vermutlich als Sohn eines Bauern geboren. Für ihn gab es nur eine Möglichkeit aufzusteigen und zu Ansehen zu gelangen. Er brachte das scheinbar Unmögliche fertig. Für seinen Einsatz bei den Eroberungskriegen im Norden des Reiches wurde er von Huayna Capac geadelt, mit einer Prinzessin verheiratet und zum Heerführer ernannt. Es wird erzählt, daß der Emporkömmling hinter seinem steinernen Gesicht sogar die große Freude darüber verbarg.

Im Kriege zwischen den Halbbrüdern Atahualpa und Huascar ergriff er Partei für Atahualpa. Nach hartem Kampf, der zahlreiche Opfer forderte, nahm er Huascar gefangen, der später getötet wurde. Nachdem die Spanier Atahualpa umgebracht hatten und Quito brannte, versuchte Rumiñahui einen letzten verzweifelten Aufstand. Aber auch er wurde gefangen und getötet. Heute gedenkt ein großes steinernes Denkmal in der Nähe von Otavalo des Feldherren, und auf jedem Tausend-Sucre-Geldschein erinnert sein »Steingesicht« an die versunkene Größe des Inkareiches.

Wir haben den steilen Aufbau des Berges über den bewachsenen Höhenrücken erreicht. Die Felsen direkt über uns sehen recht unzuverlässig aus. Deshalb queren wir durch Gras und Buschwerk unter ihnen weit nach rechts hinüber, bis wir eine tief eingeschnittene Schlucht erreichen. Durch diese Schlucht können wir in leichter Kletterei, in etwa zwei Stunden, den Grad kurz unterhalb des Gipfelaufbaus in 4800 Meter Höhe erreichen und dann den Gipfel selbst. Obwohl wir von der Laguna Limpiopungo achthundert Höhenmeter bewältigt haben, scheint uns der Gipfel des Cotopaxi immer noch unerreichbar hoch. Wir sind gerade so hoch wie die Hütte José Ribas, Ausgangspunkt für die Cotopaxi Besteigung. Die folgenden Tage verbringen wir in unserem Camp. Am 11. Juli beobachten wir eine partielle Sonnenfinsternis. Ein großartiges Schauspiel, das nicht nur uns beeindruckt. Bei den Wildpferden fällt uns eine zunehmende Unruhe auf, die sich erst legt, als die Sonne wieder völlig frei ist.

Nach der Ruhepause brechen wir zum Cotopaxi auf. In allen Beschreibungen über den Cotopaxi ist zu lesen, daß er zwar der höchste tätige Vulkan der Erde ist, seine Besteigung aber keineswegs gefährlich sei. Die vulkanische Tätigkeit beschränke sich auf Rauch- und Dampfentwicklung im Krater. Größere Ausbrüche würden sich immer ankündigen. Da kann ich nur skeptisch sagen: »Hoffentlich weiß das auch der Cotopaxi«.

Zu viert fahren wir mit einem kleinen Auto vom Camp zur Ebene von Limpiopungo. Über einen Fahrweg kommen wir bis in die Nähe der Hütte. Etwa eine dreiviertel Stunde ist es dann noch zu Fuß. Während des Aufstieges zur Hütte scheint die Sonne durch wirbelnde Schneeflocken hindurch. Der völlig freistehende Cotopaxi hat sein eigenes Wetter. Durch die am Massiv aufsteigenden Luftmassen, die sich über dem Eis der Gletscher abkühlen, bilden sich sehr schnell Wolken.

Die Cotopaxi-Hütte ist ordentlich, aber eiskalt. Der große Schlafraum liegt im Dachgeschoß. Der Wind pfeift durch das ganze Haus, da die Hüttentür nicht richtig schließt. So sammelt sich im Vorraum der Schnee an und friert dort fest zusammen. Da es so erbärmlich kalt ist, verschaffe ich mir etwas Bewegung. In einer Ecke des Vorraums steht eine Axt und eine Schaufel. Damit läßt sich das Eis im Eingang lösen. Endlich kann ich die Tür bis auf einen kleinen Spalt schließen. Durch das ständige Offenstehen hat sie sich stark verzogen.

Nach dem Abendessen, das für diese Höhe wieder viel zu reichlich ist, legen wir uns bald ins Lager. Die Kälte kriecht langsam in den Daunenschlafsack. Zwei Stunden schlafe ich fest. Dann muß ich, wenn auch widerwillig, aufstehen. Die außerhalb der Hütte stehenden Toiletten sind mit Schnee und Eis zugeweht und nicht zu benutzen. Der Wind pfeift um die Hütte, leichtes Schneetreiben! Alle Müdigkeit ist augenblicklich weggeblasen. Wie angenehm ist es doch im Schlafsack!

Um halb drei in der Frühe gehen wir zu fünft los, obwohl das Wetter nicht gerade gut ist. William, unser Bergführer, der schon mehrfach auf dem Cotopaxi war, geht voraus. Der Schutt des ersten Steilhangs ist hartgefroren, so daß es mühsam ist, Tritt zu finden. Meine altgedienten Triplex-Schuhe leisten gute Dienste. Der Wind von links ist ziemlich stark und sehr unangenehm. Allmählich zieht sich die Gruppe auseinander. Es beginnt zu schneien. Bald ist alles vereist. Nach einer dreiviertel Stunde hält William an und äußert erste Zweifel, ob wir weitergehen sollen. Ich nutze die Pause, um Steigeisen anzulegen, die mir für den Rest der Tour das Gehen sehr erleichtern. Eine uns gefolgte Gruppe von Franzosen überholt uns. So steigen wir auch weiter und erreichen den Gletscherbeginn.

Im Schneetreiben ist nur wenig zu sehen. Meine Hose ist vom waagerecht angewehten Schnee ganz naß. Ich ziehe die Steigeisen aus und die Überhose an. Wie leicht wäre das auf der Hütte gewesen, aber ich habe mir einen Steilhang im Sturm ausgesucht! Als wir alle zusammen sind, beschließen wir, die Tour abzubrechen. Die Franzosen sind zunächst noch ein Stück weitergegangen und dann auch abgestiegen. Es hatte wirklich keinen Sinn. Um halb fünf sind wir wieder an der Hütte, krat-

Den ganzen Tag war der Gipfel des Cotopaxi in eine große Wolke gehüllt. Am Abend sind wir den Grashang oberhalb unseres Lagers hinaufgestiegen. Im letzten Abendlicht wird der Gipfel frei. Ein majestätischer Anblick. Von dieser Seite aus wird der Cotopaxi auch erstiegen. Mit dem Fernglas können wir die Hütte José Ribas deutlich sehen. Ob morgen der Gipfel auch noch frei sein wird?

zen uns erst einmal die dicke Eisschicht von Anorak, Überhose und Mütze. Nach einem heißen Tee geht es in den warmen Schlafsack. Schade – auch der stolze Cotopaxi wollte uns nicht haben. Etwas wehmütig denke ich daran, daß das der zweite vergebliche Versuch war, einen Vulkan zu besteigen.

Nach dem Abstieg von der Hütte bringt der Bus unsere Gruppe zur Hacienda La Ciénega in der Nähe der Ortschaft Lasso. Dort sind wir in einer anderen Welt. La Ciénega wurde im 17. Jahrhundert von den Spaniern gegründet. Heute ist diese Hacienda ein Hotel mit einer langen Tradition. Schon Alexander von Humboldt hat im Jahre 1802 hier übernachtet. Dieser Ort ist eine Oase für alle Reisenden geblieben.

Eine schattige Allee mit riesigen, alten Eukalyptusbäumen führt auf die Anlage zu. Alle Gebäude sind weiß gekalkt. An das Haupthaus schließt sich ein malerischer Innenhof, ein Patio, an. Palmen, Hibiskus, Bougainvillea und andere sonnenhungrige Pflanzen blühen verschwenderisch. Auch wir lassen uns begierig von der Sonne aufwärmen, nachdem der Cotopaxi uns so eisig angeblasen hat.

Nach den Tagen im Zelt und auf der Hütte genießen wir den Luxus des Hotels. Wie schön ist es, in der Sonne zu sitzen und den metallisch glänzenden Kolibris zuzuschauen. Sie müssen sehr fleißig von Blüte zu Blüte schwirren, nehmen sie doch pro Tag etwa das dreifache ihres eigenen Körpergewichts an Nahrung zu sich. Für kurze Augenblicke bleiben sie in der Luft stehen, wobei sie pro Sekunde sechzig bis achtzig Flügelschläge machen! Sie sind kleine Wunder der Natur.

Kurz vor dem Abendessen stehe ich an dem kleinen See hinter der Hacienda. Im Süden ragt das gewaltige Massiv des Chimborazo in den wolkenlosen Himmel. Wahrscheinlich stand vor einhundertneunzig Jahren Alexander von Humboldt an der selben Stelle und war von diesem Bild beeindruckt. Hier mag er den Gedanken gefaßt haben, diesen Vulkan zu besteigen. Auch mich lockt das hohe Ziel, zumal die Versuche am Cayambe und Cotopaxi gescheitert sind. Die Abendsonne taucht den wolkenlosen Cotopaxi in zauberhaftes Licht. Hätte er nicht am frühen Morgen so ausschauen können? Das Bild der rötlich verglimmenden Gletscher entschädigt ein wenig für den nicht vergönnten Gipfel.

Lange können wir nicht in Ruhe bleiben. Uns zieht es nach Zumbagua und zum Krater Quilotoa. Bald sind wir wieder unterwegs. Wir verlassen in Latacunga die Panamericana und fahren an der Westkordillere hinauf. Im unteren Teil passieren wir trockene Hänge, an denen schlanke, dichtstehende Eukalyptusbäume wachsen. Über Täler und Hügel verstreut liegen große Haciendas. Weiter oben über der Baumgrenze breiten sich die kleinen Felder der Indios wie bunte Flickenteppiche aus. Der Boden ist dort sehr schwierig zu bewirtschaften. Aussaat und Ernte richten sich nach dem Mondkalender, aus dem nach überliefertem Glauben der Indios günstige oder verheerende Tage abzulesen sind.

Bei unserer Ankunft auf dem Markt von Zumbagua bricht die Sonne durch die Wolkendecke, so daß die Farben prächtig leuchten. Da sich hier fast ausschließlich Einheimische treffen, wirkt der Markt ursprünglich und unverfälscht. Zumbagua ist eine alte Hacienda, um die sich eine kleine Ansiedlung gebildet hat. In der Gegend werden ziemlich viele Lamas gehalten, die die Indios hier auf dem Markt zum Verkauf anbieten.

Natürlich finden wir auch die beiden Grundnahrungsmittel, die wir Europäer Lateinamerika zu verdanken haben: Kartoffeln und Mais sind von unserem Speisezettel und aus der Viehhaltung längst nicht mehr wegzudenken. Rund zweihundert Kartoffelarten sind im Hochland gezählt worden. Davon existieren heute noch etwa achtzig Arten. Die Spanier brachten die »mehlige Trüffel« um das Jahr 1550 aus Südamerika nach Europa. Der Mais dagegen trat seinen Weg nach Europa von Mittelamerika aus an. Nach jüngsten Forschungen wurde er schon vor Urzeiten – man spricht von 8000 v. Chr. – in Ecuador angebaut.

Langsam verspüren wir mächtigen Hunger, es geht auf den Mittag zu. Meine Frau verhandelt mit einer Indio, die Eier anbietet. Mit lustiger Mimik und lebhaften Gesten macht sie uns klar, daß die Eier bereits gekocht sind. Unter großem Gelächter kaufen wir gleich ein halbes Dutzend und stillen damit unseren ersten Hunger.

Da die Straße nur bis Zumbagua befestigt ist, zieht unser Bus auf der Weiterfahrt zum Quilotoa eine riesige Staubwolke hinter sich her. Der 4010 Meter hohe Vulkan liegt versteckt in der Westkordillere, südlich der Illinizas, fast am Anfang der Kordillere von Chucchilán. In seinem Krater liegt malerisch ein See mit einem Durchmesser von etwa zwei Kilometern. Teilweise senkrechte, fünfhundert Meter hohe Wände stürzen hinab in das gelblich grüne Wasser. Am Seeufer hat nicht einmal ein Fußweg Platz. Nur an der Westseite des Kraterrandes senkt sich ein weniger steiler Rücken zum Seeufer hinab und bildet dort eine kleine Halbinsel. Über diese Rampe führt ein unbeschwerlicher Pfad zum Wasserspiegel auf 3750 Meter hinab. An seinem Anfang ist der See von hohen Tuffwänden gesäumt, die der Wind ausgeblasen hat. Schäfer treiben ständig Herden den Pfad zum See hinunter, um die Tiere mit dem brackigen Wasser zu tränken. Manchmal erklingt zwischen den Kraterwänden eine Melodie aus einer Hirtenflöte.

Überall steigen im See Gasblasen auf, die Kohlendioxid enthalten und leichten Schwefelwasserstoffgeruch verbreiten. Wenn viel Gas freigesetzt wird, scheint der See an manchen Stellen zu kochen. Der dabei aufgewirbelte gelbliche Schlamm ergibt mit den ruhigen, grünen Wasserflächen ein herrliches Schauspiel. Die Bewohner der Umgebung schreiben diese Erscheinung dem inneren Feuer des Vulkans zu.

Auf dem Markt in Zumbagua haben wir von dieser Indiofrau einige Eier gekauft. Ihre freundlichen und temperamentvollen Versuche, uns klar zu machen, daß die Eier gekocht sind, werden wir nicht vergessen.

In der Umgebung der Ortschaft Zumbagua, einer alten Hacienda, werden Lamas und Alpacas gezüchtet, besonders in den höheren Lagen, in denen sich kein Getreide mehr anbauen läßt.

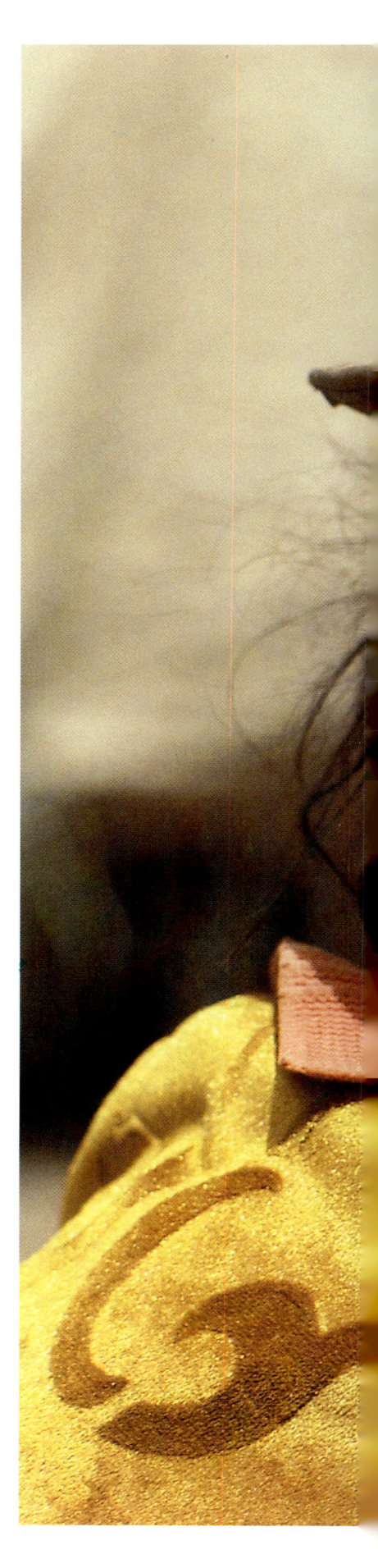

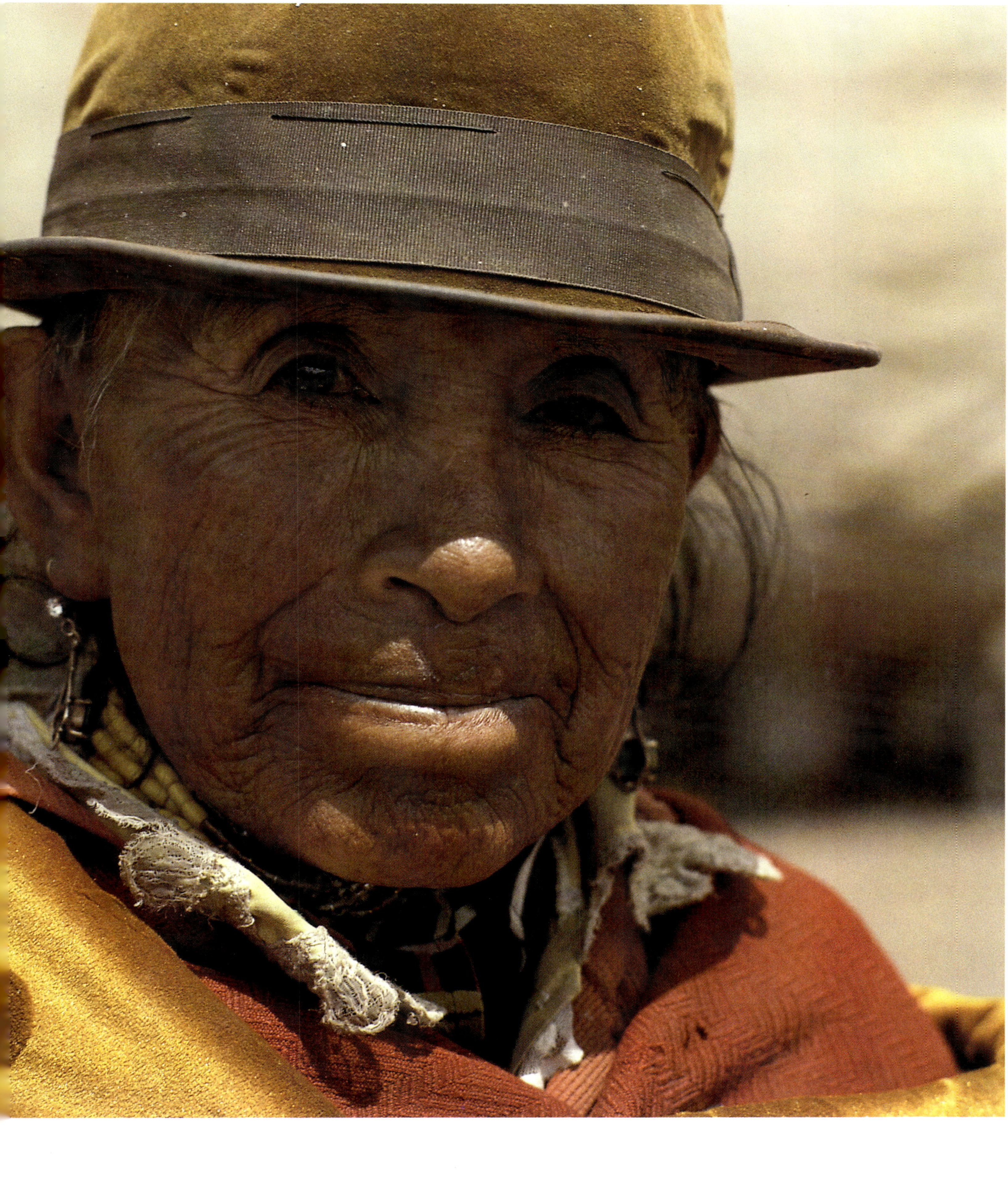

Eine Familie mit Kindern leistet sich ein Mittagessen auf dem Markt von Zumbagua.

In der Nähe von Zumbagua machen wir eine Rast auf dem Wege zum Krater Quilotoa. Eine Indiohütte liegt direkt gegenüber dem Hang. Auf dem Dreschplatz vor der Hütte werden die Pferde im Kreise geführt; sie stampfen das Getreide aus den Ähren.

Der reizvolle Vulkan Quilotoa liegt in der Westkordillere. Der Krater des erloschenen Vulkans hat sehr steile Hänge, die zum fünfhundert Meter tiefer liegenden See abbrechen. Zwischen den Steilabstürzen und dem Wasser ist nicht einmal ausreichend Platz für einen Fußweg. Der Abstieg zum Kratersee ist nur von Westen, dem Standpunkt des Photographen, möglich.

Die Schafe werden von den Indios durch diese Engstelle an den Kratersee zum Tränken getrieben. Das brackige Wasser ist nur für die Tiere, aber nicht für den Menschen genießbar.

Nur wenige Kilometer von Ibarra entfernt, Richtung Cayambe, liegen die malerischen Moyande Seen. Ein Paradies zum Wandern mit reicher Vegetation und häufig wechselnden Lichtstimmungen.

Im grünen Herzen des Landes

Der tropische Regenwald des Cuyabeno

Nach unserem Aufenthalt an der Küste, der Fahrt mit dem Schienenbus durch die tropische Vegetation bis ins Hochland und unseren bergsteigerischen Versuchen mit Sturm, Schneetreiben und eisiger Kälte wollen wir einen Abstecher in das Cuyabeno Gebiet im tropischen Urwald machen. Schließlich sind zwei Drittel der Fläche Ecuadors von tropischem Urwald bedeckt.

Wenn es das Wetter zuläßt, fliegt man von Quito etwa zweihundert Kilometer nach Coca, um dann von dort aus weiter in das Cuyabeno Gebiet zu fahren. Die meisten Besucher unternehmen von Coca aus Bootsfahrten und Ausflüge im Bereich des Rio Napo. Wir bevorzugen das Cuyabeno Gebiet, weil es noch ursprünglich ist und man nur selten anderen Besuchern begegnet. Fällt aber der Flug wegen Nebel oder Regen aus, oder weil andere ein gutes Trinkgeld gezahlt haben und die Maschine deshalb plötzlich ausgebucht ist, bleibt nur die abenteuerliche Fahrt mit dem Bus von Quito nach Coca über die Anden. Sie dauert etwa zehn Stunden.

Während der Busfahrt von Coca nach Cuyabeno gehen immer wieder heftige, tropische Regengüsse nieder, die uns zu Umwegen zwingen. Einzelne Abschnitte der Straße sind unpassierbar, an einer Stelle fehlt sogar die Brücke, die der Fluß weggerissen hat. Im Gebiet der »Area Petrolera Amazónica« können wir beobachten, daß die Erdölgewinnung Vorrang vor allen anderen Dingen hat. Umweltschonung und Rücksichtnahme auf die Pflanzen- und Tierwelt ist hier auch nicht im Ansatz zu erkennen. Besonders am Rio Aguarico und im Cuyabeno wird das in erschreckendem Ausmaß deutlich.

Im Cuyabeno Nationalpark leben die Siona-Secoya-Indianer, die noch bis vor wenigen Jahren ihre traditionelle Lebensweise als nomadisierende Jäger und Sammler beibehalten konnten. Die industrielle Erschließung durch Erdölfirmen zog aber fremde Siedler aus den Berg- und Küstenregionen Ecuadors in den Urwald. In dem Kampf, die Urwaldgebiete gegen industrielle Ausbeutung und sinnlose Zerstörung zu verteidigen, werden die Siona-Secoya-Indianer von dem deutschen »Projekt Tropischer Regenwald e.V.« unterstützt. Zur Zeit geht es darum, die Gewässer vor der Verschmutzung durch Erdölfirmen und Palmölkonzerne zu schützen.

Zur Laguna Cuyabeno tief im Urwald kommen wir nur mit dem Boot. Durch die starken Regenfälle der letzten Nacht ist der Fluß gewaltig angeschwollen. Zwischen der Straßenbrücke und dem reißenden Wasser sind gerade noch fünfzig Zentimeter Platz.

In einem großen Einbaum mit starkem Außenbordmotor fahren wir durch ein Labyrinth von Wasserläufen. Anfangs eilt der Fluß mit starker Strömung dahin. Der Bootsführer und sein Begleiter, der ganz vorn sitzt, müssen hellwach sein, denn im Wasser treiben fast untergetaucht große Baumstämme, die kaum zu erkennen sind.

Der Eindruck des tropischen Regenwaldes ist überwältigend. Unser Begleiter Klaus macht uns immer wieder auf die verschiedensten Pflanzen, Blumen und Bäume aufmerksam. Tropische Wälder unterscheiden sich ganz wesentlich von denen der gemäßigten Zone. Während bei uns etwa dreißig verschiedene Baumarten wachsen, kennt man in tropischen Wäldern dreihundert bis fünfhundert Arten.

Kleine und große farbenprächtige Schmetterlinge taumeln um uns herum. Gelegentlich flattern auch blaue Morphos vorbei mit handtellergroßen Flügeln. Sie schillern und leuchten je nach Lichteinfall in den verschiedensten metallisch-blauen Tönen. Alle Versuche, sie im Bild festzuhalten, scheitern an der unberechenbaren Flugweise der Morphos.

Der Motor wird abgestellt und wir gleiten langsam und lautlos durch das Wasser. Eine unvergleichliche Stimmung entsteht durch die Töne und Geräusche des Urwaldes. Das Boot weicht einem riesigen Baumstamm aus, der bis auf einen kleinen Durchschlupf die gesamte Flußbreite versperrt, und treibt dann ganz dicht am Ufer, an Bäumen und Sträuchern vorbei. Klaus hat plötzlich mit einer blitzschnellen Bewegung eine junge Anakonda gefangen.

Die Schlange ist etwa eineinhalb Meter lang und windet sich ganz fest um seinen linken Arm. So können wir sie aus nächster Nähe betrachten: Ein sehr kleiner Kopf, wunderschöne Zeichnung am Körper und – trotz ihrer Jugend – recht dick. Wahrscheinlich verdaut sie gerade ihr letztes Opfer. Nach einigen Aufnahmen läßt Klaus die Schlange wieder frei, die sich sofort ins Wasser fallen läßt.

Mehrfach wechseln wir in andere Flußläufe – ohne unseren Bootsführer würden wir hier nie wieder herausfinden. Nach zwei Stunden Fahrt wird die Strömung schwächer. Wir überqueren eine weite, seenartige Wasserfläche und erreichen auf einer Halbinsel unseren Lagerplatz. Endlich können wir uns aus der gebückten Haltung im Boot von den harten Sitzbrettern wieder aufrichten.

Am Kraterrand des Vulkans Quilotoa, wie auch an vielen anderen Orten in Ecuador, bieten die Indios naive Malereien an, die das tägliche Leben und die Feste der Einheimischen darstellen.

Der Regen der letzten Tage hat aufgehört, die Sonne kommt zum Vorschein. In der nächsten Zeit haben wir schönes Wetter. Auch die Moskitoplage hält sich in Grenzen, ohne ein gutes Mückenschutzmittel kommen wir allerdings nicht aus. Kaum haben wir die Zelte aufgerichtet, folgt die nächste Herausforderung: Unmittelbar vor unserem Zelteingang marschiert ein Heer von Ameisen auf ihrer festgelegten Straße. Während bei uns im Wald die Ameisen nur kleinste Teilchen transportieren, sind es hier Blattschneiderameisen, die die ausgesägten Teile der Blätter hochkant durch das Gelände schleppen. Es sieht im ersten Moment aus, als würde sich ein Ast mit Blättern bewegen. Die Prozession trägt ihre Last in ihr Erdnest. Auf diesen Blättern wachsen dann durch das im Inneren des Erdnestes herrschende Klima bestimmte Pilze. Die Pilzgewebe bilden knöllchenartige Wucherungen, sogenannte Ameisen-Kohlrabi, von denen sich die Tiere ernähren.

Die Ameisen orientieren sich auf ihrer Straße durch Markierungen mit chemischen Duftstoffen aus einer Hinterleibsdrüse. Der Duft wird von den anderen Ameisen über die Fühler aufgenommen, und so folgen sie unbeirrbar, oft über Kilometer hinweg, den Spuren bis zu ihrem Ziel. Optische Reize und polarisierendes Licht unterstützen die Wegfindung. Die Fühler der Ameisen sind auch für gegenseitige Erkennung und Nachrichtenübermittlung wichtig. Fast könnte man die fleißigen Tierchen gern haben, wenn sie nicht auch in Zelt und Schlafsack krabbelten.

Doch abgesehen von der Pein, die sie uns bereiten, sind die Ameisen sehr nützlich. Durch ihre kunstvollen Bauten graben etliche Arten gründlich die Erde um. Sie bringen Luft in den Boden und verteilen wichtige Nahrungsstoffe. Auf allen Kontinenten gibt es unvorstellbar viele Ameisen. Zwanzigtausend verschiedene Arten sind bekannt, nicht einmal die Hälfte konnte bislang wissenschaftlich untersucht werden. Auf jeden der etwa fünf Milliarden Menschen kommen zwei Millionen Ameisen.

Bei unserer Wanderung wird uns deutlich, daß der tropische Urwald aus sich selbst lebt. Aus umgestürzten Bäumen wachsen nach kurzer Zeit bereits wieder neue Pflanzen, Bäume und Sträucher. Durch die starke Wärme und hohe Feuchtigkeit verrottet alles viel schneller als in gemäßigten Zonen. Die fruchtbare Erdschicht ist häufig nur sehr dünn, und die neu nachwachsenden Pflanzen müssen sich von ihren zerfallenden Vorgängern ernähren. Greift der Mensch zu sehr ein, kann sich der Urwald nicht regenerieren.

Eine Affenherde, die gerade in den Baumwipfeln beim Frühstück sitzt und durch unser Kommen aufgeschreckt wird, veran-

Die hohen Bäume lassen im Urwald nur noch wenig Licht zum Boden durchkommen. Hier ist man zwar vor einem Sonnenbrand sicher, aber nicht vor Moskitos. Begeistert bleiben wir immer wieder stehen, wenn ein einzelner Lichtstrahl eine der vielfältigen Blattformen zum Leuchten bringt.

staltet ordentlichen Lärm. Eine wilde Jagd über die Bäume beginnt. Blätter und Äste fliegen herunter. Ein Höllenspektakel in den Baumkronen – Grillen und Papageien tragen zu dem Konzert bei.

Durch die Regenfälle der letzten Tage ist der Wasserstand immer noch sehr hoch, und wir können mit dem Boot weite Ausflüge machen, auch in sonst kaum erreichbare Nebenarme. Vom Wasser aus können wir unsere Umgebung am besten überblicken.

Wir kommen ganz dicht an Orchideen heran, die unmittelbar über dem Wasserspiegel wachsen. Alligatoren sind durch den hohen Wasserstand nicht zu entdecken, da es keine trockenen Uferstreifen gibt, auf denen sie in der Sonne dösen können. Im Wasser lassen sie sich am besten nachts beobachten. Ich erinnere mich noch ganz genau an einen Aufenthalt im Bereich des Rio Marmoré im Urwald von Bolivien: In einem schmalen Einbaum paddelten wir damals nachts auf einem kleinen Nebenfluß und suchten mit Taschenlampen das Ufer ab. Ein roter Punkt leuchtete auf: das Auge eines Alligators. Wir ließen uns ganz langsam herantreiben. Das Tier tauchte nicht unter. Der uns begleitende Indio packte den jungen Alligator mit sicherem Griff hinter dem Kopf und zog ihn ins Boot. Hier schlug das knapp einen Meter lange Reptil so wild um sich, daß wir heilfroh waren, als es dem Indio wieder entwischte und ins Wasser glitt.

Diesmal brechen wir mit dem großen Einbaum auf, kurz nachdem der Mond am Horizont aufgegangen ist. Quer über die Lagune führt unser Weg. Vielleicht entdecken wir hier einige Alligatoren. Mit abgestelltem Motor gleiten wir fast geräuschlos über die silbrig glänzende Wasserfläche. Lange müssen wir suchen. Da, ein roter Punkt, weiter rechts noch zwei! Die Tiere liegen aber unter tief herabhängenden Ästen und sind deshalb nicht zu erreichen. Überall haben sie sich unter Bäume und Sträucher verzogen. Plötzlich leuchtet im Licht der starken Taschenlampe ein erstaunlich großer orange-gelber Fleck auf, der sich im Wasser spiegelt. Das kann kein Alligator sein. Wir nähern uns ganz vorsichtig. Es ist finster geworden, der Mond hat sich hinter einem Wolkenschleier verzogen. Nur mühsam erkennen wir, daß auf einem dicken Baumstamm ein eulenartiges Wesen hockt, dessen Auge das Licht reflektiert. Der Vogel sitzt völlig bewegungslos da. Klaus hält ihn für einen Potoo. Um ihn nicht zu stören, müssen wir einen zu großen Abstand halten, als daß wir Einzelheiten ausmachen könnten. Klaus erklärt, daß wir ihn morgen bei Tageslicht an der selben Stelle wiederfinden könnten. Wir halten dies für unwahrscheinlich, sind aber sehr neugierig, was daraus wird.

Am nächsten Morgen bringt uns unser einheimischer Bootsführer aufgrund seiner ausgezeichneten Ortskenntnis in kurzer Zeit wieder nahe an den Stamm, auf dem der Vogel sitzen soll.

Im Urwald des Cuyabeno Gebietes haben wir diese farbenprächtige Orchidee vom Boot aus entdeckt. Sie wächst an einem Baum unmittelbar über dem Wasserspiegel.

Außer einem Baumstumpf erkennen wir nichts. Erst nach längerem Hinsehen entdecken wir zu unserem Erstaunen, daß der Baumstumpf der gesuchte Potoo ist. Sehr behutsam nähern wir uns, bis wir ihn schließlich formatfüllend aufnehmen können, phantastisch!

Solange es hell ist, sitzt dieser Vogel, ein Tagschläfer, unbeweglich auf einem Baum senkrecht aufgerichtet. Er ist durch sein Borkenmuster im Federkleid so vollkommen angepaßt, daß er sich gefahrlos leisten kann, mitten auf einem kahlen Ast oder ganz offen auf einem Stubben zu sitzen. Selbst auf einem einsamen Pfahl würde er nur wie die Verlängerung des Holzes erscheinen. Trotzdem beobachtet er seine Umgebung ständig durch einen schmalen Augenspalt. Von Zeit zu Zeit sackt er ein wenig zusammen, richtet sich aber sofort steil auf, wenn sich etwas in der Nähe rührt. Wir haben für ihn eine eigene Beschreibung gefunden: Der unsichtbare Vogel, den man nur bei Nacht finden kann, wenn er sich durch das Aufleuchten seiner großen Augen verrät.

Bei einem Aufenthalt im Tropenwald überrascht immer wieder die enorm große Vielfalt der Pflanzenwelt. Besonders deutlich wird hier, daß der Urwald aus sich selbst lebt. Aus umgestürzten Bäumen wachsen nach kurzer Zeit bereits wieder neue Pflanzen. Der Kapokbaum mit seinen mächtigen Brettwurzeln bildet ein gutes Klettergerüst für viele Pflanzen, die zum Licht streben.

Das Urwaldgebiet um die Laguna Cuyabeno läßt sich nur mit dem Boot erreichen. Wir brechen gerade zu einer unserer faszinierenden Exkursionen rund um die Lagune auf.

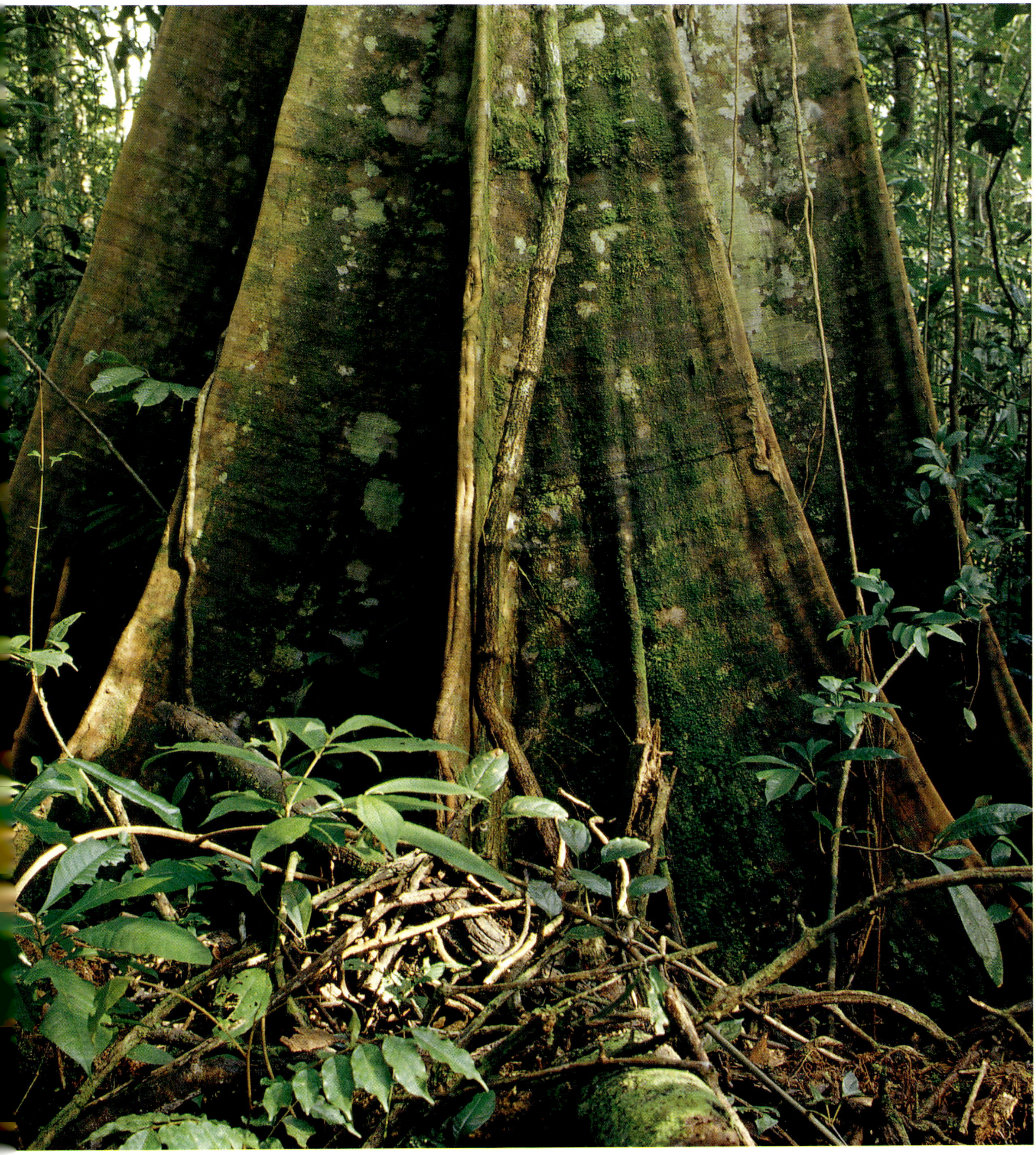

Auch die tropische Seidenspinne ist eine Klebfadenweberin. Für Menschen ist sie harmlos, aber den Insekten setzt sie als raffinierte Räuberin zu.

Dieses sich gerade entfaltende Palmblatt von etwa anderthalb Meter Länge ist so transparent wie gefaltetes Seidenpapier.

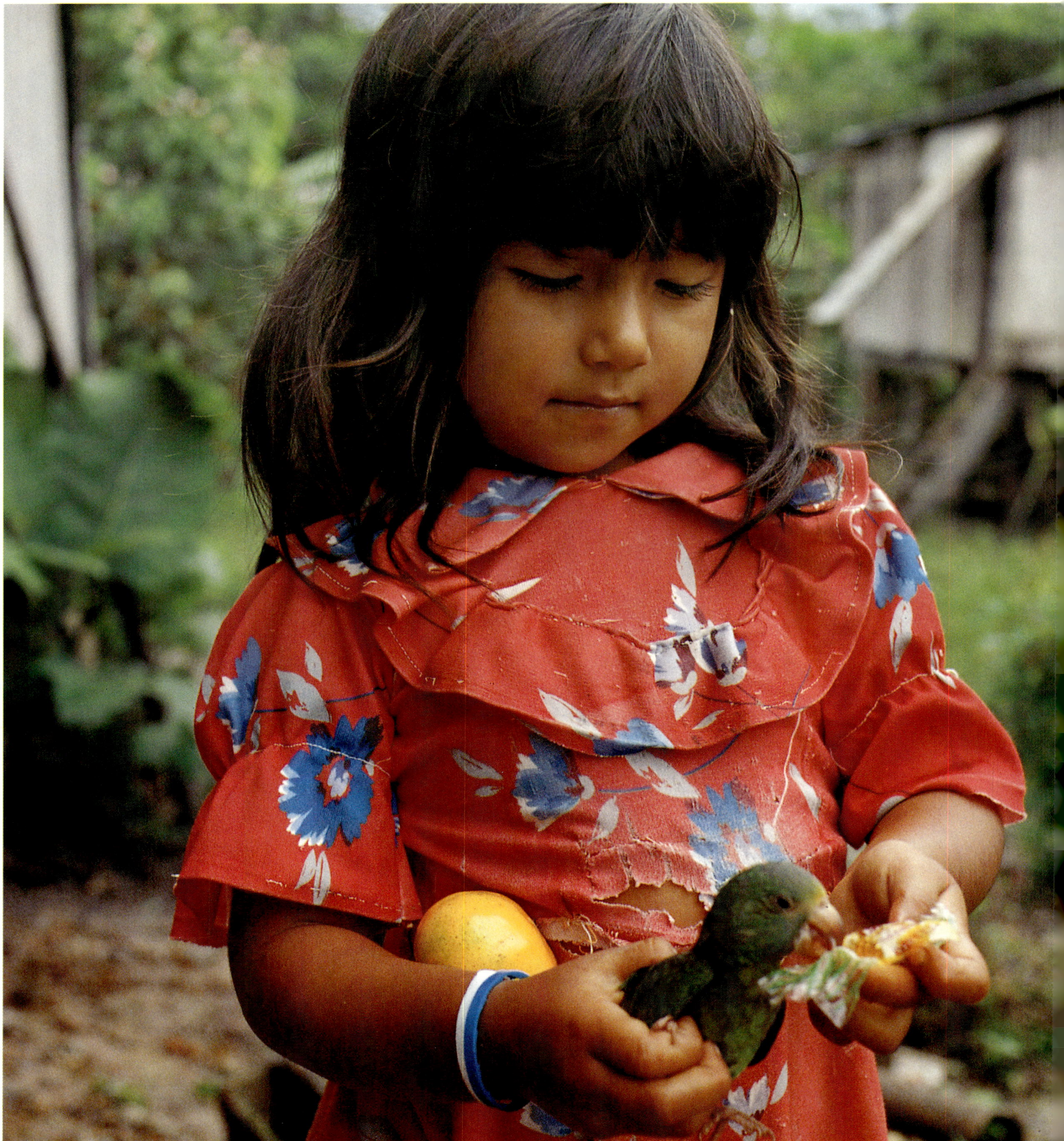

Bei unserer Fahrt ins Cuyabeno Gebiet kommt dieses Mädchen ganz stolz zu uns und zeigt uns ihren vertrauten Spielgefährten, einen Sperlings-Papagei.

Die Häuser der hier im Urwald lebenden Menschen sind einfache Unterkünfte, meist nur für kurze Zeit errichtet, in der Hoffnung, in klimatisch angenehmere Gebiete umsiedeln zu können.

Jambato nennen die Ecuadorianer diesen schwarzen Frosch *(Atelopus ignescens)*, einen der zahlreichen Tropenfrösche.

Diesen seltenen Potoo, eine Schwalm-Art, der sich so phantastisch täuschend ähnlich wie ein Baumstumpf tarnen kann, haben wir im Dunkeln entdeckt. Sein orange aufleuchtendes Auge hat ihn verraten. Am nächsten Tage saß er genau an derselben Stelle.

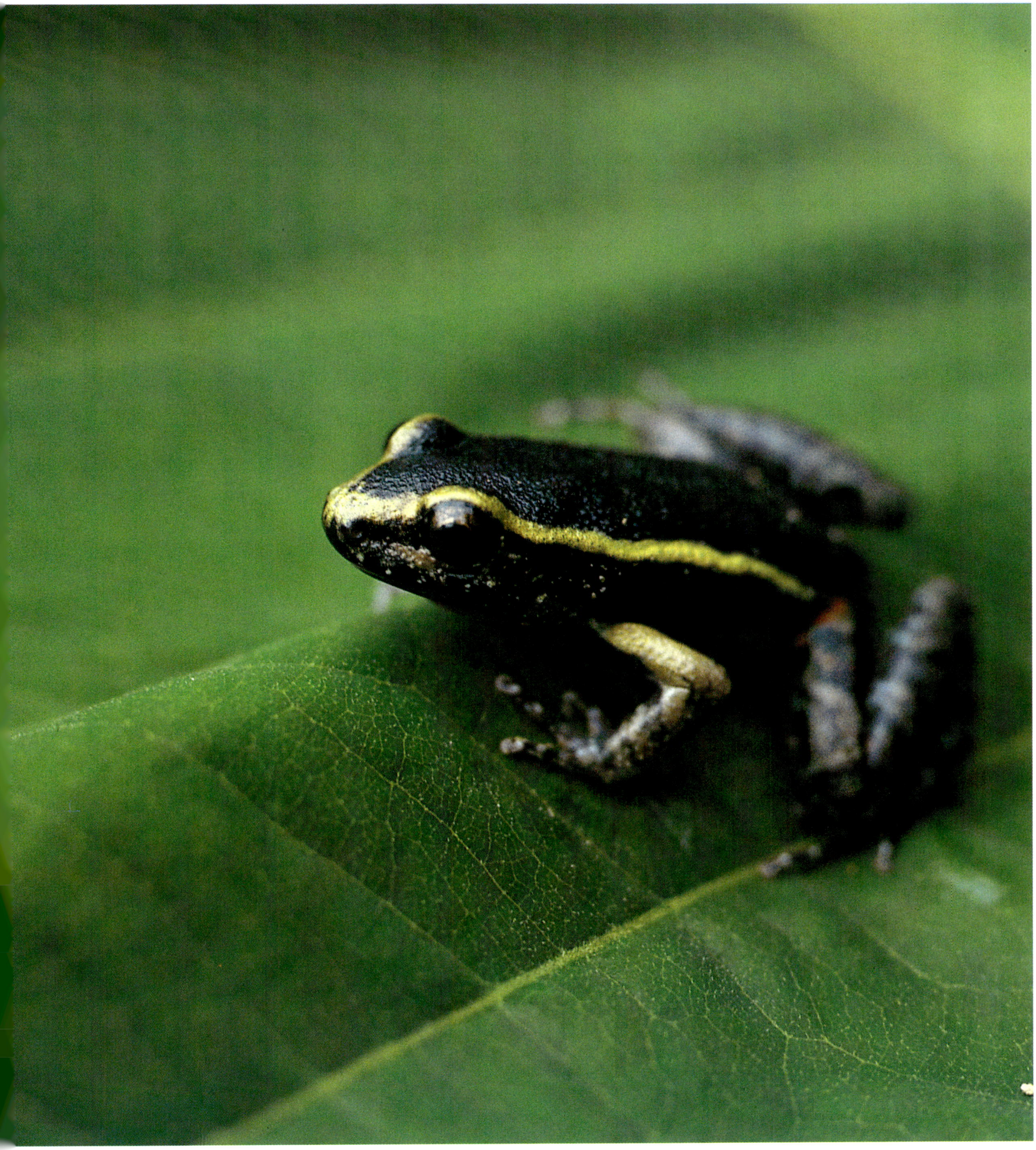

Der Samstags-Markt in Latacunga ist der Anziehungspunkt für die Bevölkerung aus dem Hochlandbecken. Latacunga ist die Hauptstadt der Provinz Cotopaxi und hat knapp 40 000 Einwohner.

Städte, Menschen und Naturgewalt

Über das Hochland nach Riobamba

Nach dem Abstecher in den Urwald setzen wir unseren Weg in den Süden Ecuadors fort. Latacunga, die Hauptstadt der Provinz Cotopaxi liegt in einem Hochlandbecken auf etwa 2800 Meter Höhe und zählt knapp 40 000 Einwohner. Die Ausbrüche des Cotopaxi haben die Stadt und die Provinz im Laufe der Jahrhunderte immer wieder derart in Mitleidenschaft gezogen, daß sich die Gegend nicht kontinuierlich entwickeln konnte.

Latacunga bietet keine besonderen Sehenswürdigkeiten, aber der große Markt am Samstag zieht viele Menschen an. Im Stadtarchiv fand sich ein Plan, der den Weg zu einem Teil des Goldschatzes beschrieb, mit dem der Inkaherrscher Atahualpa von den Spaniern freigekauft werden sollte. Die Aufzeichnung stammt von dem Spanier Valverde. Er hatte ein Inkamädchen geheiratet, dessen Vater das Versteck des Schatzes kannte. Dieser verriet seinem Schwiegersohn das Geheimnis. Doch trotz zahlreicher Expeditionen sind bisher alle Versuche gescheitert, den Inka-Schatz zu finden.

Etwa vierzig Kilometer südlich von Latacunga führt uns die Panamericana nach Ambato. Mit über 100 000 Einwohnern ist dies die viertgrößte Stadt im Lande und die Hauptstadt der Provinz Tungurahua. Nähert man sich von Norden, sieht man die Stadt malerisch auf der anderen Seite des Rio Ambato in einer Flußschleife liegen. Das Wasser des Flusses kommt von den Gletschern des Chimborazo und des Carihuairazo. Wenn die Wolken nicht zu tief hängen, sind beide Berge, 6310 Meter und 5020 Meter hoch, von Ambato aus gut zu sehen.

Für unseren letzten Versuch, einen der hohen Vulkane in Ecuador zu besteigen, haben wir uns den Chimborazo ausgesucht. Allerdings wollen wir noch etwas warten, in der Hoffnung, daß das Wetter unseren Plan nicht wieder vereitelt.

Einstweilen begeistern uns in Ambato die kleinen, offenen Restaurants an den Straßen. Hier werden an runden und drehbaren Drahtgestellen Meerschweinchen gebraten. Sie gelten schon seit der Zeit der Inka als eine besondere Delikatesse. Auch wir können den braunglänzend gebratenen Leckerbissen mit den langen Nagezähnen nicht widerstehen.

Ambato ist durch seine Lage oberhalb des Tales gegen auftretende Hochwasser ausgezeichnet geschützt. Andere Naturkatastrophen haben dieser Stadt im Laufe der Geschichte aber sehr stark zugesetzt. 1688 verwüstete ein Ausbruch des Vulkans Carihuairazo die ganze Gegend. Starke Schäden erlitt sie durch die Erdbeben von 1797 und 1850. Große Teile von Ambato mußten 1949 nach einem verheerenden Beben wieder aufgebaut werden. Trotzdem ist sie eine aufstrebende Stadt, die sich schnell über die natürliche Begrenzung durch die Flußschleife ausgebreitet hat.

Von hier sind es nur knapp fünfzig Kilometer bis nach Baños am Rio Pastaza. Weiter führt die Straße, hinunter in den Urwald nach Puyos und den Rio Napo, durch das Gebiet der Salasaca-Indianer. Allein schon durch ihre Kleidung hebt sich diese Volksgruppe deutlich von den anderen Bewohnern des Ambato-Beckens ab. Ihre weißen, breitkrempigen Hüte aus dickem Filz, ihre schwarzen Ponchos und weißen Hosen fallen sofort auf. Die Salasaca leben auch heute noch nach ihren alten Gesetzen in ihrer traditionellen Ordnung.

Über die Geschichte und Herkunft dieses Stammes gibt es sehr unterschiedliche Angaben. Die Salasaca scheinen irgendwo aus dem Hochland von Bolivien zu stammen. Verschiedene Gründe werden angegeben, warum sie ihre Heimat verließen. Sie reichen von der Verbannung unter der Herrschaft des neunten Inka, der ihnen das staubige Land am Fuß des Berges Teligote zuwies, damit sie die Straße der Inka von Quito nach Cuzco schützen sollten, bis zur Belohnung treu ergebener Untertanen, die zur Befriedung und Kultivierung neu besetzter Gebiete hierher versetzt wurden. Da aus der Zeit der Inka keinerlei schriftliche Aufzeichnungen existieren, ist man auf Vermutungen angewiesen.

Auf eine überlieferte Legende wollen wir uns stützen: Dreißig Männer und fünfundzwanzig Frauen mußten ihre Heimat im Hochland von Bolivien verlassen. In zwei Monaten sind sie etwa 2400 Kilometer gelaufen. Vierundachtzig Lamas, die nur eine geringe Last tragen konnten, brachten den ganzen Besitz des Stammes mit. Bei Anbruch der ersten Nacht schworen sich diese Indianer, Salasaca zu bleiben, sich jeder Eingliederung zu widersetzen, zu arbeiten und zu schweigen. Dieser Schwur ist bis heute ungebrochen.

Heute bilden die Salasaca eine ethnische Enklave mit etwa 2500 Stammesangehörigen. Sie haben tatsächlich über Jahrhunderte hartnäckig ihre Identität gegen äußere Einflüsse verteidigt. 1934 erlebten sie eine schwere Prüfung: Durch ihr Gebiet sollte die Straße von Ambato nach Baños und noch weiter in den Urwald gebaut werden, um die Provinzen Tungurahua

Nach alten Mustern und Phantasie werden von den Salasaca-Indianern immer wieder Tiere dargestellt und als handgedruckte Postkarten zum Verkauf angeboten.

und Pastaza zu erschließen. Gegen den Widerstand der Salasaca setzte die Regierung Soldaten ein und internierte Indianer als Geiseln. Erst gegen das Versprechen, ihren Widerstand einzustellen, erhielten sie die Freiheit zurück. Die Regierung bot ihnen für die Hilfe beim Straßenbau Geld an. Das war das erste Mal, daß Indianer für ihre Arbeit vom Staat Geld erhielten. So nahmen sie die Straße an.

Die Salasaca sind in erster Linie Ackerbauern mit einer ausgeprägten Selbstversorgungswirtschaft. So halten sie keine Wochenmärkte ab. Heute stellen sie auch Wandteppiche her, obwohl das Weben bei ihnen keine Tradition hat. Fast alle Männer beherrschen die Technik zur Herstellung von gewebten Gürteln auf den alten präkolumbischen Handwebstühlen, wie ich sie auch in Peru und Bolivien gesehen habe. Diese Gürtel, die *fajas*, sind Meisterwerke, die nicht zum Verkauf bestimmt sind. Erst seit Mitte der fünfziger Jahre haben Salasaca damit begonnen auf »europäischen« Webstühlen Wandteppiche herzustellen.

Der Versuch, die Weber in Kooperativen zusammenzufassen, scheiterte. In einer solchen Organisation hätte man sinnvoll nur ganztägig arbeiten können. Die Salasaca wollten jedoch in erster Linie Bauern bleiben und die Weberei auf den Abend beschränken. Heute ist durch verstärkten Besuch von Fremden die Nachfrage gestiegen und ein größeres Angebot an Webwaren vorhanden. Auch andere Handarbeiten werden zum Verkauf angeboten. Wir haben zum Beispiel sehr schöne, handgedruckte Postkarten mit indianischen Motiven erworben.

Der Weg nach Baños führt über Pelileo, einer Ortschaft, die durch das Erdbeben im Jahre 1949 wie auch Ambato völlig zerstört wurde. Von hier senkt sich die Straße in das tief eingeschnittene Kerbtal des Rio Patate, der hier die Ostkordillere durchschneidet. Nach etwa zwanzig Kilometern fließen Rio Patate und Rio Chambo zusammen und bilden den Rio Pastaza. Eine Stahlbrücke führt über die tiefe Schlucht. Gewaltige, regelmäßige Basaltformationen stehen am gegenüberliegenden Ufer. Durch diese enge Schlucht pfeift ständig der Wind, zwischen dem Oriente, dem Urwald, und dem Hochland, der Sierra.

Die letzten Kilometer der Straße nach Baños verlaufen an der steilen Nordseite des 5016 Meter hohen Tungurahua. Baños liegt auf einer Terrasse oberhalb des Pastaza auf 1800 Meter Höhe in einem Talkessel, der nach Osten offen ist. Das Wasser des Pastaza und seiner Nebenflüsse fließt von hier zum Amazonas und damit in den Atlantik. Der Ort ist für seine Thermalbäder bekannt, und das ganze Jahr über herrschen hier angenehm frühlingshafte Temperaturen. Der Wechsel zwischen Sonnen-

Farbenprächtig, mit Musik und in den verschiedensten Trachten und Masken wird in Latacunga mit diesem Umzug das fünfundzwanzigjährige Bestehen des Gymnasiums gefeiert. Die Schüler machen begeister mit.

schein und Regenschauern vollzieht sich schnell. Die aus dem Urwald aufsteigenden feuchtwarmen Luftmassen bleiben am Tungurahua hängen, so daß es häufig regnet. Hierdurch wechseln Licht- und Farbstimmungen oft überraschend schnell. Durch seine Lage in einem engen nach Osten offenen Talkessel ist Baños das Tor in den Oriente.

Kurz unterhalb von Baños befindet sich heute ein Staudamm mit einem Kraftwerk, durch den der wilde Pastaza stark gezähmt ist. Der Wasserfall von Agoyán, wenige Kilometer flußabwärts, ist deshalb nicht mehr besonders eindrucksvoll.

Wir fahren hinunter bis zum kleinen Dorf Rio Verde, etwa fünfzehn Kilometer von Baños entfernt. Auf einem sehr schmalen Weg steigen wir durch die üppige Urwaldvegetation hinunter bis zum Pastaza. Eine enge und stark schwankende Hängebrücke führt dort über den Fluß, wo der Rio Verde in den Rio Pastaza mündet.

Das sogenannte Teufelsloch erreichen wir über einen ausgesetzten und glitschig nassen Pfad, der unmittelbar an senkrechten Felswänden entlang führt. Von hier blicken wir in die Felsschlucht, durch die das Wasser des Rio Verde hinabstürzt. Nach kurzer Zeit sind wir von den aufsteigenden Wassernebeln durchnäßt.

Am nächsten Tag gehen wir in aller Frühe ins Thermalbad. Während der Nacht hat sich das gesamte Wasser in den Becken erneuert. Wir haben die Wahl zwischen etwa fünfzig oder etwa dreißig Grad warmem oder auch kaltem Wasser.

Nach dem Frühstück brechen wir nach Riobamba auf. Wir folgen immer dem Rio Chambo, einem der beiden Nebenflüsse des Rio Pastaza, ohne über einen Höhenrücken oder Paß fahren zu müssen. Riobamba liegt in einem großen Kessel auf 2800 Meter Höhe und ist von zahlreichen, über fünftausend Meter hohen schnee- und eisbedeckten Bergen umgeben. Im Nordosten liegt der häufig in Wolken gehüllte 5016 Meter hohe Tungurahua. Im Osten steht das gewaltige Massiv des 5319 Meter hohen Altar. Im Südosten kann man an klaren Tagen in der Ferne den rauchenden Vulkan Sangay, 5230 Meter, sehen. Im Nordwesten überragt der Chimborazo mit seinen 6310 Metern alle anderen Gipfel. Ihm ist der 5020 Meter hohe Carihuairazo nördlich vorgelagert.

Ein großartiges Bergpanorama um die Hauptstadt der Provinz Chimborazo! Heute leben dort über 90 000 Einwohner. Nachdem die alte spanische Gründung 1797 durch ein heftiges Erdbeben völlig zerstört worden war, wurde die neue Stadt etwa zwanzig Kilometer nordöstlich gebaut. Die Vulkantätigkeit und die häufig auftretenden Erdbeben sind für Ecuador und die angrenzenden Andenländer ein großes Problem. Eindrücklich

In Riobamba steht diese alte Lokomotive als Erinnerung an eine großartige Leistung: eine Eisenbahnstrecke, trotz der enormen geographischen Schwierigkeiten, von Guayaquil über Riobamba bis nach Quito zu bauen.

beschreibt Alexander von Humboldt in seinem Buch »Südamerikanische Reise« die Katastrophe von 1797:

»Von November 1796 an stieß der Vulkan bei Pasto, der westlich von der Stadt gleichen Namens am Tale des Rio Guayatara liegt, eine dicke Rauchsäule aus. Die Mündungen des Vulkans liegen an der Seite des Berges, an seinem westlichen Abhange; dennoch stieg die Rauchsäule so hoch über dem Gebirgskamm empor, daß die Einwohner der Stadt Pasto sie fortwährend sahen. Alle versicherten uns, zu ihrer großen Überraschung, sei am 4. Februar 1797 der Rauch auf einmal verschwunden, ohne daß man einen Erdstoß spürte. Und im selben Augenblick wurde dreihundert Kilometer weiter gegen Süden zwischen dem Chimborazo, dem Tunguragua und dem Altar die Stadt Riobamba durch ein Erdbeben zerstört, furchtbarer als alle, die im Andenken geblieben sind.

Die Gleichzeitigkeit dieser Ereignisse läßt wohl keinen Zweifel darüber, daß die Dämpfe, welche der Vulkan von Pasto aus seinen kleinen Mündungen oder *ventanilla* ausstieß, am Drucke elastischer Flüssigkeiten teilnahm, welche den Boden erschütterten und in wenigen Augenblicken 30 000 bis 40 000 Menschen das Leben kostete.« (Der Vulkan Pasto liegt im heutigen Kolumbien, nördlich der Grenze zu Ecuador.)

Das Teufelsloch am Rio Pastaza. Hier mündet der Rio Verde in einen Wasserfall in den Rio Pastaza. Die Luft der Umgebung ist von Wasserdampf erfüllt. Obwohl wir uns nur wenige Minuten zum Photographieren aufgehalten haben, sind wir völlig durchnäßt.

Blütenpracht einer Bananenpflanze, die es in dieser Klimazone in verschiedenen Arten gibt.

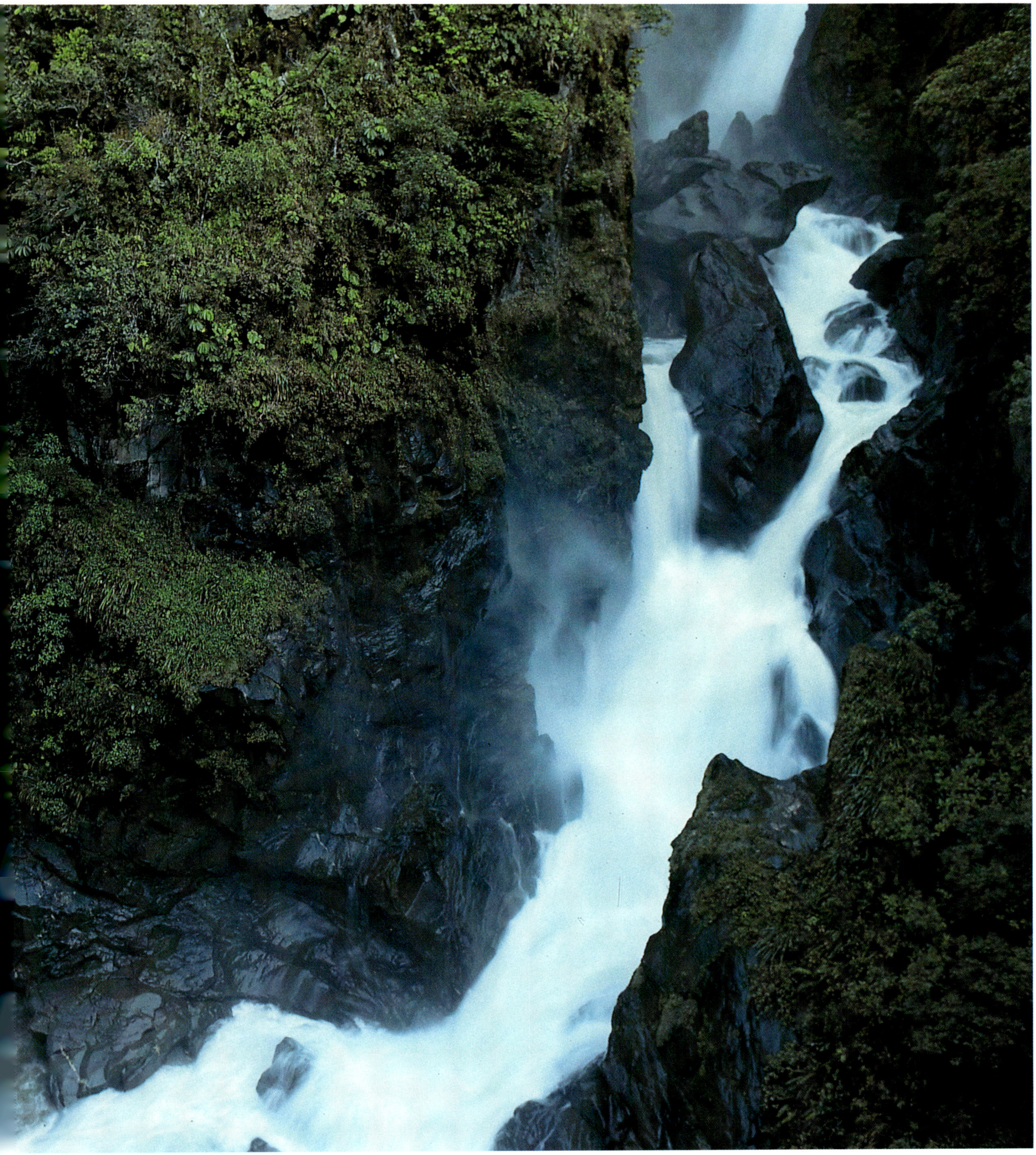

Häuser in der Ortschaft Guano,
nördlich von Riobamba.

Die Ortschaft Guano ist für ihre handgewebten Teppiche bekannt, aber auch andere Textilien aus Wolle sind hier zu finden.

Riobamba mit der Kathedrale im Abendlicht. Die Stadt liegt in einem von hohen Bergen eingerahmten Talkessel.

Indiofrauen aus Alausi, die mit ihren Kindern unter den Arkaden der Plaza von Riobamba auf den Bus zur Heimfahrt warten.

Nördlich von Cuenca haben
die Inkas in Ingapirca ein
mächtiges Monument erbaut. Der
Kern des Ruinenkomplexes
ist diese ovale Tempelanlage.

Einst und jetzt in Ingapirca und Cuenca

Von Inka-Ruinen und bunten Märkten

Wir wollen mit einem Abstecher in den Süden bis nach Cuenca unser Bild von Ecuador abrunden. Zum Auftakt fahren wir von Riobamba in Richtung Cuenca durch das Tal des Rio Guamote, das durch die Indiofelder und Weiden wie ein grüngemustertes Schachbrett aussieht. Tropensonne und Höhenlage geben dieser Hügellandschaft den Reiz des ewigen Frühlings. Kurz darauf kommen wir auf eine ausgedehnte wüstenartige Hochfläche. Das vielfältige Grün des Tales steht im scharfen Kontrast zu den öden Sanddünen, die bei stürmischem Wetter auf die Straße wandern können.

Am Rande ist die Hochfläche durch tiefe Schluchten zerrissen, die an manchen Stellen bis zu tausend Meter tief eingeschnitten sind. Mühsam wurde die Straße in äußerst steile Hänge hinein gebaut. In El Tambo zweigen wir zum Castillo de Ingapirca ab. Dieses mächtige Monument haben die Inka nördlich von Cuenca errichtet. Es liegt an einem Steilhang hoch über dem Tal von Cañar. Obgleich die Anlage nicht so groß ist wie die Ruinen von Machu Picchu in Peru, imponiert sie durch ihre einmalige Gestaltung.

Kern des Komplexes ist ein ovaler Bau mit einer Länge von 37,5 Meter und einer Breite von fast vierzehn Meter, dessen Innenwände nicht höher als 3,70 Meter sind. Dieses Oval wird in zwei Kammern unterteilt, deren Pforten sich nach Osten und Westen öffnen. Man nimmt deshalb an, daß es sich bei Ingapirca um ein religiöses Zentrum handelte und nicht um eine Festung. Unterhalb des Tempels befinden sich die Aposentos, möglicherweise ehemalige Priesterwohnräume. Einer dieser Räume wurde rekonstruiert und zeigt die für die Inkaarchitektur typischen trapezförmigen Nischen an den Innenwänden. Neben dem Tempel und den Aposentos befindet sich die Plaza, zu der es früher vielleicht nur einen einzigen Zugang gab. Das Castillo gehört zu den großartigsten städtebaulichen und architektonischen Leistungen der Inka.

Früher lebte hier der Stamm der Cañari im Königreich der Quitu. Erst im 15. Jahrhundert kamen die Inka und haben nach der Eroberung die ursprüngliche Anlage überbaut.

Heute trägt ein Teil Ingapircas den Namen des französischen Mathematikers und Forschungsreisenden Carlos María de la Condamine, der von 1735-1743 das Hochland von Ecuador bereiste. Er zeichnete genaue Pläne der Ruinen. In dem nach ihm benannten Teil stand möglicherweise das Kloster der Sonnenjungfrauen.

Neben dem Museum, im Südosten der Anlage, wurden Überreste aus der Cañari-Zeit entdeckt. Hier bezeichnet ein Monolith die Lage eines Grabes, in dem elf Skelette, überwiegend von Frauen, gefunden wurden. Vielleicht handelt es sich um Menschenopfer. Weiter östlich ist eine Brauerei aus alten Resten rekonstruiert worden, in der Chicha gebraut wurde, ein Bier, das die Indios auch heute noch begeistert und berauscht.

Fünfundsiebzig Kilometer südlich von Ingapirca liegt Cuenca, in einem Hochlandbecken, das wesentlich größer ist als das bei Riobamba. Die ringsum aufragenden Berge sind jedoch nicht mit Schnee bedeckt und wesentlich niedriger. Cuenca ist heute mit über 200 000 Einwohnern die drittgrößte Stadt in Ecuador. Gegründet wurde die Stadt am Rio Tomebamba im April 1557 vom Spanier Gil Ramírez Dávalos. Die vielen reichen Bürgerhäuser mit kunstvollen Balkons aus dunklem Holz und das Großpflaster der Straßen verleihen der Altstadt einen besonderen Charme.

Schon in frühgeschichtlicher Zeit siedelten hier die Cañari. Unter den Inka wurde der Ort, der damals Tomebamba hieß, zum bedeutenden kulturellen Zentrum und zur Hauptstadt von Ecuador ausgebaut. Reste von Grundmauern wurden 1972 gefunden. Während des Bruderkrieges zwischen Huascar und Atahualpa standen die Cañari auf der Seite Huascars. Anscheinend wurden die Cañari bei Tomebamba besiegt und die Stadt zerstört.

Das heutige Stadtzentrum ist die Plaza Abdón Calderón. Hier stehen die alte und die neue Kathedrale. Am Sonntag vormittag lassen wir uns in der Menge der Kirchenbesucher treiben, die der neuen Kathedrale zustreben. Die Mischung der verschiedenen Rassen und Typen fällt auf: Nachfahren der Spanier, der Inka, und anderer Indiostämme. Die Vielfalt wird noch durch die großen sozialen Unterschiede verstärkt. Die Fülle des Fremdartigen wogt auf diesem Platz. Unter Palmen und Aurakarien lagern Familien.

Unmittelbar neben der neuen Kathedrale werden in einer Seitengasse herrliche Blumen angeboten: Gladiolen, Chrysanthemen, Rosen und Nelken. Blumen, die in unseren Gärten nur im Sommer blühen, zeigen hier das ganze Jahr über ihre Pracht.

Auf einem Platz fasziniert mich ein Berufskollege, ein ortsansässiger Portrait-Photograph. Die Bilder »sofort zum Mitnehmen« macht er auf seine eigene Art. Auf einem sehr hohen und sehr massiven, selbstgebasteltem Holzstativ steht ein großer

Auf dem Wege zur einstigen Inkastadt Ingapirca führt die Straße südlich von Riobamba durch das Tal des Rio Guamote. Ein sattes Grün leuchtet uns entgegen. Der fruchtbare Boden läßt hier das Getreide und Gemüse gut gedeihen. In den Berghängen liegen die kleinen Höfe der Indios.

Holzkasten. Vorn Objektiv und Balgen einer alten Plattenkamera, hinten eine Mattscheibe und ein großes schwarzes Tuch. Daneben einige Flaschen und ein großer Eimer mit Wasser. Der nächste Kunde nimmt Platz, wird zurecht gerückt, der Photograph verschwindet unter seinem schwarzem Tuch. An der Seite des großen Kastens ist eine Klappe. Hier wird jetzt ein Stück unbelichtetes Fotopapier eingesetzt, der Deckel vor dem Objektiv entfernt, bis fünf gezählt und der Deckel wieder aufgesetzt. Anschließend wird mit bloßen Händen durch zwei schwarze Stoffschläuche gegriffen und im Inneren des Kastens das belichtete Fotopapier entwickelt. Nach der Entwicklung wird das negative Bild im Wassereimer abgespült und auf ein Brett einen halben Meter vor das Objektiv der Kamera geklemmt. Jetzt folgt auf einem weiteren unbelichteten Fotopapier die zweite Aufnahme, eine Reproduktion des ersten Bildes. Wieder wird im Kasten entwickelt und fixiert, anschließend das jetzt positive Bild im Eimer abgespült und in der Sonne getrocknet. Strahlend wird dem staunenden Kunden das fertige Bild übergeben. Hier sieht man noch reine Handarbeit. Jedes Bild ist ein Unikat, keine Massenware wie bei uns, wo sich alles vervielfältigen läßt. Bei diesem Photographen ist die Zeit stehengeblieben und gerade deshalb machen der Meister und sein Tagewerk Geschichte lebendig.

Westlich von Cuenca liegt zwischen 3500 und 4500 Meter Höhe der Nationalpark Las Cajas, die Landschaft der 232 Seen. Diese von riesigen Gletschern ausgeschabten Mulden sind in eine grüne Hügellandschaft eingebettet. Mit dem allerersten Morgenlicht sind wir dorthin aufgebrochen. Obwohl es nur etwa vierzig Kilometer sind, braucht unser Taxi eineinhalb Stunden. Wir beginnen unsere Wanderung, für die wir eine Genehmigung einholen mußten, an der Laguna Toreador. Von einem felsdurchsetzten Grat haben wir einen wunderschönen Blick auf die vielen Seen, die im Sonnenlicht wie Juwelen schimmern. Zudem zeichnet sich der Nationalpark Las Cajas durch eine vielfältige Pflanzen- und Tierwelt aus. Selbst bei unserer kleinen Wanderung über den Felsgrat entdecken wir einige der über zwanzig verschiedenen Hochlandgrassorten und vielerlei interessante Blumen übersäen die Landschaft. In diesem Park müßte man eine Woche mit Zelt, Schlafsack und Kocher wandern!

Auf dem Blumenmarkt in Cuenca werden neben Blumen auch Topfpflanzen angeboten. Dazu passend gibt es sehr hübsche handgemalte Keramiktöpfe zu kaufen. Hier hat mich das graphische Muster gereizt, einige Aufnahmen zu machen.

Der sonntägliche Blumenmarkt
in Cuenca. Nach dem Gottesdienst
trifft man sich hier.

Der Kollege aus Cuenca mit seiner selbstgebauten Kamera bei der Arbeit an einem Portrait.

La Cathedral Nueva von Cuenca. Mit dem Bau der Kirche wurde 1885 begonnen. Die neue Kathedrale ist ein Monumentalbau und ist mit den blauen Kacheln ihrer Kuppeln ein Wahrzeichen der Stadt. Bis heute ist die Kirche nicht fertiggestellt, es fehlen immer noch die Turmspitzen.

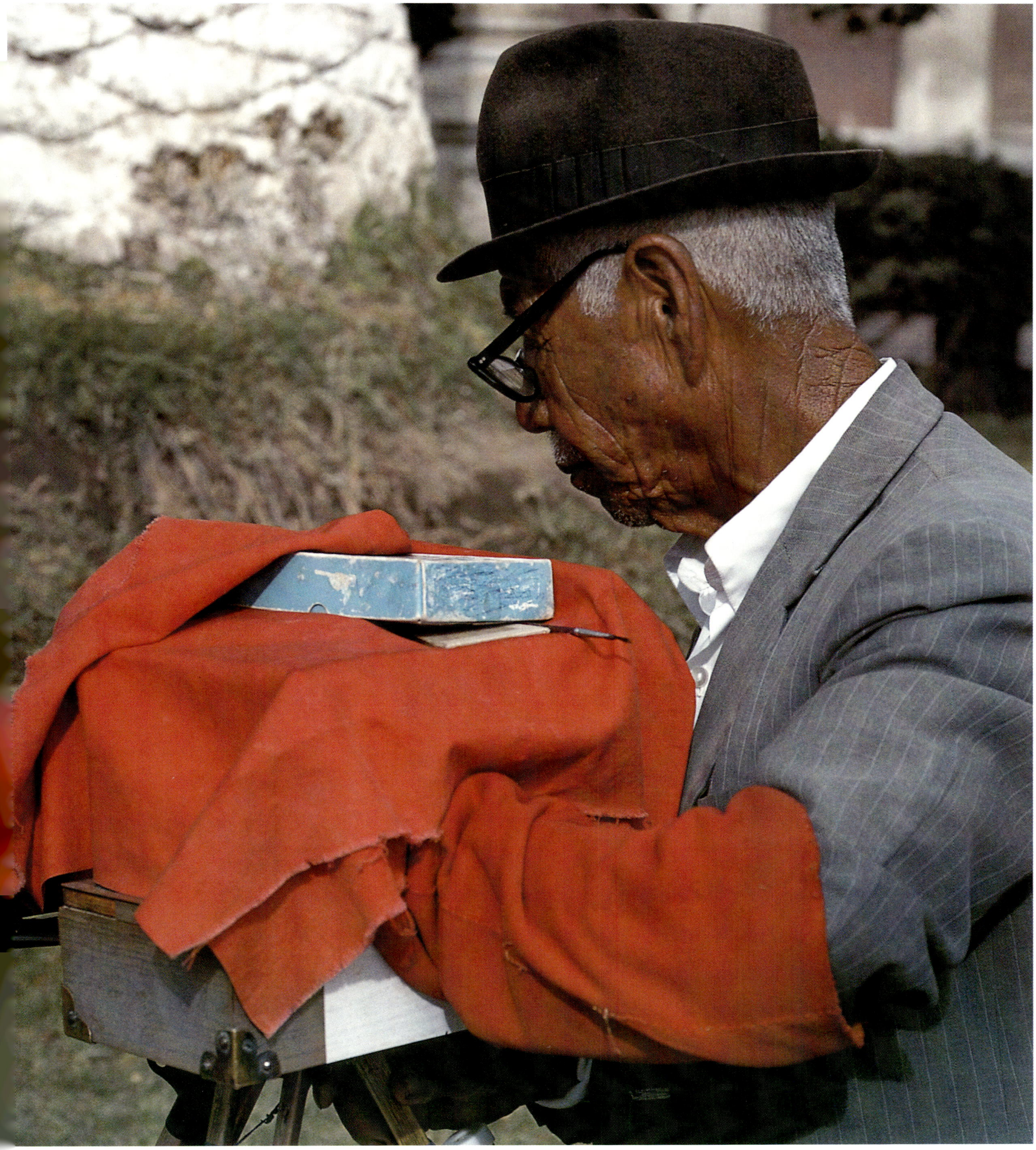

Der Korbblütler *Weneria nubigena* ist überall in den Anden bis in Höhen von 4000 Meter zu finden. Die leuchtende Blüte ist fast stengellos – so kann ihr kein Bergwind Schaden zufügen.

Auch die Nationalblume Ecuadors, die orange blühende Chuquiragua *(Chuquiragua insignis)*, ist hier zu finden. Eine typische Pflanze der Hochanden Ecuadors.

Der Chimborazo – ein Traumziel aller Bergsteiger, die Ecuador besuchen. Vor uns die Westflanke. Von dieser Seite wird heute über die Whymper Route der Gipfel auf dem Normalwege erreicht.

Auf den Spuren Alexander von Humboldts

Eine Besteigung des Chimborazo

Seit Tagen liegt schon eine gleichmäßige Wolkendecke über dem Hochland, nur gelegentlich kommt die Sonne durch. Unser großes Ziel, den Chimborazo, haben wir erst zweimal gesehen. Das erste Mal von Riobamba aus im Mondschein, dann am Abend von der Hacienda La Ciénega aus. Viele berühmte Männer waren an diesem Berg. Die Besteigungsgeschichte des Chimborazo möchte ich aus dem Buch »Die Schneeberge Ecuadors« von Marco Cruz zitieren. Er ist einer der hervorragendsten Bergkenner und Bergsteiger in Ecuador.

»Der Chimborazo wurde für lange Zeit als die höchste Erhebung der Erde angesehen, bevor die Bergriesen Asiens und Amerikas entdeckt wurden. Würde man allerdings die Höhe der Berge vom Erdmittelpunkt aus messen, so wäre der Chimborazo, da die Erde ein Rotationsellipsoid darstellt, tatsächlich der höchste Berg unseres Planeten!*

Charles Marie de La Condamine und der Astronom Pierre Bouguer untersuchten während ihrer wissenschaftlichen Expedition (1735-1744) die Abhänge des Chimborazo bis auf die Höhe von 4750 Meter, was etwa der Schneegrenze entspricht. Alexander von Humboldt versuchte im Jahre 1802 den Gipfel des Chimborazo von Westen her zu bezwingen und gelangte immerhin bis auf eine Höhe von 5893 Meter. Darüber schrieb er sein berühmtes Essay »Über den Versuch, einen Gipfel des Chimborazo zu besteigen«. Zwanzig Jahre später machte sich auch Simon Bolivar, der Führer der Unabhängigkeitsbewegung Südamerikas, zum Chimborazo auf. Er stieg von östlicher Seite bis an die Schneegrenze und wurde hier zu seiner berühmten Denkschrift »Mi delirio sobre el Chimborazo« inspiriert. Der französische Chemiker Jean Baptiste Boussingault (1802–1887), der in den Anden Ecuadors die meteorologische Wissenschaft begründete, und der englische Oberst Francis Hall versuchten im Dezember 1831, den Gipfel des Chimborazo über die Südseite zu bezwingen, aber es gelang auch ihnen nicht. Im Januar 1859 versuchten der deutsche Wissenschaftler Moritz Wagner und der Italiener Paolo Oberti den Aufstieg über die Nordwestroute, jedoch ohne den gewünschten Erfolg. 1872 stiegen die deutschen Geologen Dr. Wilhelm Reiß und Dr. Alphons Stübel bis auf 6000 Meter.

Der berühmte Alpinist Edward Whymper und seine italienischen Bergführer Jean-Antoine und Louis Carrel erreichten am 4. Januar 1880 von Westen her, das heißt vom Gran Arenal aus, als erste den Gipfel des Chimborazo. Am 3. Juli desselben Jahres, nachdem er die meisten Vulkane und Schneeberge Ecuadors bestiegen hatte, wiederholte Whymper die Besteigung, diesmal von Nordwesten her. Außer von den Vettern Carrel wurde er von den ecuadorianischen Viehtreibern Francisco Javier Campaña und Daniel Beltrán begleitet. Während dieser Besteigung wurden sie auf dem Gipfel Zeuge einer Eruption des Cotopaxi. Auf Grund des heftigen Windes trieb die ausgestoßene Aschewolke in Richtung des Chimborazo, wo sie zur Verblüffung der Bergsteiger den Gipfel einhüllte und verdunkelte. Nur unter großen Schwierigkeiten konnten sie absteigen und zu ihrem Lager zurückkehren. In den folgenden Jahrzehnten gelang es immer mehr Bergsteigern aus verschiedenen amerikanischen und europäischen Ländern, den höchsten Berg Ecuadors zu bezwingen, insbesondere ab den vierziger Jahren, als der Andinismus zusehends beliebter wurde.«

Wir wollen über die Whymper-Route aufsteigen und fahren dazu von Ambato in Richtung Guaranda auf die Westseite des Berges. Wir passieren trockene Gebiete mit Eukalyptuswäldern. Für eine Weile prägen dann Felder und kleine Ansiedlungen, die sorgfältig an den Hängen angelegt sind, das Landschaftsbild. Mit zunehmender Höhe wird der Bewuchs karger, bis wir nur noch durch Wiesen und Weidelandschaft fahren. Vereinzelt sind Schafe, Lamas und Alpacas zu sehen.

Die Straße zieht sich um einzelne Höhenrücken. Das Land ist jetzt wüstenartig trocken. Plötzlich reißt die Wolkendecke auf, und der Chimborazo ist für einen kurzen Augenblick zu sehen. Ein stürmischer Wind fegt den Himmel blank und schiebt alle Wolken auf die abgewandte Ostseite des Chimborazo. Gleich strahlt Kurt, unser ecuadorianischer Begleiter, in südamerikanischem Optimismus.

Wir stehen staunend vor diesem gewaltigen Vulkan mit seiner riesigen Eiskappe. Deutlich liegt die seit 1980 überwiegend benutzte Aufstiegsroute vor uns. Sie beginnt am Ende des Thielmann-Gletschers im Carrel-Tal auf 4800 Meter. Bis dorthin kann man fahren. Zweihundert Meter höher steht die rosafarbene Whymperhütte auf genau 5000 Meter, mit Platz für fünfzig Personen. Sie wurde aus Anlaß der hundertsten Wiederkehr der Erstbesteigung des Chimborazo durch Edward Whymper gebaut. Durch den starken Gletscherrückgang bedingt, steigt man nicht mehr, wie früher, über den Felssporn direkt oberhalb der Whymperhütte an. Dort ist die Steinschlaggefahr zu groß geworden. Statt dessen geht man auf einem ausgetretenen Pfad

---

* Anmerkung des Verfassers: Dies hat Alexander von Humboldt schon bei seinem Besuch in Ecuador im Jahre 1802 festgestellt.

Eine interessante, stark überhöhte Darstellung des Chimborazo aus dem umfassenden Werk Alexander von Humboldts über Südamerika.

ziemlich weit nach links zu einer Mulde hinauf, um von dort ein Schneefeld zu erreichen. In seinem oberen Teil quert man einige Seillängen nach rechts, bis man unterhalb eines Eisbruches, wo meistens Spuren vorhanden sind, zu einem Gratrücken ansteigen kann. Von dort weicht man, je nach herrschenden Eisverhältnissen, etwas nach rechts aus, folgt aber möglichst der Fallinie, bis man in Gipfelnähe gelangt.

Es ist noch früher Nachmittag, als wir uns langsam dem Ende des Fahrweges nähern. Auch Kurts alter Chevrolet mit sechs Liter Hubraum hat hier in der Höhe seine Probleme. Obendrein bläst uns der heftige Westwind an jeder Kehre der Straße die eigene Staubwolke ins Auto. Blitzartiges Hinaufkurbeln der Scheiben vor dem Richtungswechsel lernt man spätestens nach der zweiten Kehre.

Im Jahre 1802 hatten von Humboldt und Bonpland bei ihrem halbjährigen Aufenthalt in Ecuador ein gewaltiges wissenschaftliches Programm abgewickelt, darunter verschiedene, anstrengende Vulkanuntersuchungen, auch am Chimborazo. Bei seinem Besteigungsversuch hat von Humboldt wohl auch als erster die Symptome der Höhenkrankheit geschildert.

»Wir genossen mehrere Tage lang auf der mit Bimsstein bedeckten Ebene, in welcher man (nach dem furchtbaren Erdbeben von 1797) die neue Stadt Riobamba zu gründen anfing, eine herrliche Ansicht des glocken- und domförmigen Gipfels des Chimborazo bei dem heitersten, eine trigonometrische Messung begünstigenden Wetter. Meine Begleiter, Bonpland und Carlos Montúfar, ritten noch bis zur perpetuierlichen Schneegrenze, das ist bis zur Höhe des Mont Blanc, der bekanntlich unter dieser Breite (1° 27′) nicht immer mit Schnee bedeckt sein würde. Dort blieben unsere Pferde und Maultiere stehen, um uns bis zur Rückkunft zu erwarten. Neunhundert Fuß über dem kleinen Wasserbecken Yana-Cocha sahen wir endlich anstehendes nacktes Gestein. Bis dahin hatte die Grasflur jeder geognostischen Untersuchung den Boden entzogen. Große Felsmauern, von Nordost nach Südwest streichend, zum Teil in unförmliche Säulen gespalten, erhoben sich aus der ewigen Schneedecke: ein bräunlich schwarzes Augitgestein, glänzend wie Pechstein-Porphyr. Die Säulen waren sehr dünn, wohl dreißig bis sechzig Fuß hoch, fast wie die Trachyt-Säulen des Tablahuma am Vulkan Pichincha. Eine Gruppe stand einzeln und erinnerte in der Ferne fast an Masten und Baumstämme. Die steilen Mauern führten uns durch die Schneeregion zu einem gegen den Gipfel gerichteten schmalen Grat, einem Felskamm, der es uns allein möglich machte, vorzudringen; denn der Schnee war damals so weich, daß man fast nicht wagen konnte, seine Oberfläche zu betreten. Der Kamm bestand aus sehr verwittertem, bröckeligen Gestein. Es war oft zellig, wie ein basaltartiger Mandelstein.

Der Pfad wurde immer schmaler und steiler. Die Eingeborenen verließen uns alle bis auf einen in der Höhe von 15 600 Fuß. Alle Bitten und Drohungen waren vergeblich. Die Indianer behaupteten, unter Atemlosigkeit mehr als wir zu leiden. Wir blieben allein: Bonpland, unser liebenswürdiger Freund Carlos Montúfar, der in dem späteren Freiheitskampfe auf Befehl von General Morillo erschossen wurde, ein Mestize aus dem nahen Dorfe San Juan und ich. Wir gelangten mit großer Anstrengung und Geduld höher, als wir hoffen durften, da wir meist ganz in Nebel gehüllt blieben.

Der Felskamm hatte oft nur die Breite von acht bis zehn Zoll. Zur Linken war der Absturz mit Schnee bedeckt, dessen Oberfläche durch Frost wie verglast erschien. Die dünneisige Spiegelfläche hatte gegen dreißig Grad Neigung. Zur Rechten senkte sich unser Blick schaurig in einen achthundert oder tausend Fuß tiefen Abgrund, aus dem schneelose Felsmassen senkrecht hervorragten. Wir hielten den Körper immer mehr nach dieser Seite geneigt, denn der Absturz zur Linken schien noch gefahrdrohender, weil sich dort keine Gelegenheit darbot, sich mit den Händen an zackig vorstehenden Gesteinen festzuhalten, und weil dazu die dünne Eisrinde nicht vor dem Untersinken im lockeren Schnee sicherte.

Bald fanden wir das weitere Steigen dadurch schwieriger, daß die Bröckeligkeit des Gesteins beträchtlich zunahm. An einzelnen sehr steilen Staffeln mußte man die Hände und Füße zugleich anwenden, wie dies bei allen Alpenreisen so gewöhnlich ist. Da das Gestein sehr scharfkantig war, so wurden wir, besonders an den Händen, schmerzhaft verletzt. Ich hatte dazu – wenn es anders einem Reisenden erlaubt ist, die unwichtigen Einzelheiten zu erwähnen – seit mehreren Wochen eine Wunde am Fuß, welche durch die Anhäufung der Sandflöhe veranlaßt und durch feinen Staub von Bimsstein sehr vermehrt worden war.

Der geringere Zusammenhang des Gesteins auf dem Kamm machte nun größere Vorsicht nötig, da viele Massen, welche wir für anstehend hielten, lose in Sand gehüllt lagen. Wir schritten hintereinander und um so langsamer fort, als man die Stellen prüfen mußte, die unsicher schienen. Glücklicherweise war der Versuch, den Gipfel des Chimborazo zu erreichen, die letzte unserer Bergreisen in Südamerika, daher die früher gesammelten Erfahrungen uns leiten und mehr Zuversicht auf unsere Kräfte geben konnten.

Wir konnten den Gipfel auch auf Augenblicke nicht mehr sehen und waren daher doppelt neugierig zu wissen, wieviel uns zu ersteigen übrigbleiben möchte. Wir öffneten das Gefäß-Barometer an einem Punkte, wo die Breite des Kamms es erlaubte, daß zwei Personen bequem nebeneinander stehen konnten. Wir waren 17 300 Fuß hoch. Es ist mit Höhenbestimmungen bei dem Bergsteigen wie mit Wärmebestimmungen im heißen Sommer: man findet mit Verdruß das Thermometer nicht so hoch, den Barometerstand nicht so niedrig, als man es erwartete. Da die Luft trotz der Höhe mit Feuchtigkeit gesättigt war, so trafen wir nun das lose Gestein und den Sand, welcher die Zwischenräume desselben ausfüllt, überaus naß.

Nach einer Stunde vorsichtigen Klimmens wurde der Felskamm weniger steil, aber leider blieb der Nebel gleich dick. Wir fingen nun an, alle an großer Übelkeit zu leiden. Der Drang zum Erbrechen war mit etwas Schwindel verbunden und weit lästiger als die Schwierigkeit zu atmen. Wir bluteten aus dem Zahnfleisch und aus den Lippen. Die Bindehaut der Augen war bei allen ebenfalls mit Blut unterlaufen. Die Nebelschichten, welche uns hinderten, entfernte Gegenstände zu sehen, schienen plötzlich trotz der totalen Windstille – vielleicht durch elektrische Prozesse – zu zerreißen. Wir erkannten einmal wieder, und zwar ganz nahe, den domförmigen Gipfel des Chimborazo. Es war ein ernster, großartiger Anblick. Die Hoffnung diesen ersehnten Gipfel zu erreichen, belebte unsere Kräfte aufs neue. Der Felskamm, welcher nur hier und da mit dünnen Schneeflocken bedeckt war, wurde etwas breiter, wir eilten sicheren Schrittes vorwärts, als auf einmal eine Art Talschlucht von etwa vierhundert Fuß Tiefe und sechzig Fuß Durchmesser unserem Unternehmen eine unübersteigliche Grenze setzte. Wir sahen deutlich jenseits des Abgrundes unseren Felskamm in derselben Richtung fortsetzen, doch zweifle ich, daß er bis zum Gipfel selbst führt. Die Kluft war nicht zu umgehen. Wir stellten mit vieler Sorgfalt das Barometer auf, es zeigte 13 Zoll 11 $^{2}/_{10}$ Linien. Die Temperatur der Luft war nun 1,6 Grad unter dem Gefrierpunkt. Aber nach einem mehrjährigen Aufenthalt in den heißesten Gegenden der Tropenwelt schien uns diese geringe Kälte erstarrend. Dazu waren unsere Stiefel ganz von Schneewasser durchzogen, denn der Sand, der bisweilen den Grat bedeckte, war mit altem Schnee vermengt.

Da das Wetter immer trüber und trüber wurde, so eilten wir auf demselben Felsgrate herab, der unseren Aufstieg begünstigt hatte. Vorsicht war indes wegen Unsicherheit des Trittes noch mehr nötig als im Heraufklimmen. Wir hielten uns nur so lange auf, als wir brauchten, Fragmente der Gebirgsart zu sammeln. Wir sahen voraus, daß man uns in Europa oft um ein kleines Stück vom Chimborazo ansprechen würde.«

Heutzutage wird die Besteigung durch die Whymperhütte erleichtert. Dort gibt es allerdings nichts zu kaufen und der Aufstieg mit verhältnismäßig schwerem Rucksack ist ein recht guter Test für die Höhen-Akklimatisation. Denn ob man für die zweihundert Höhenmeter auf bequemem Weg eine halbe oder

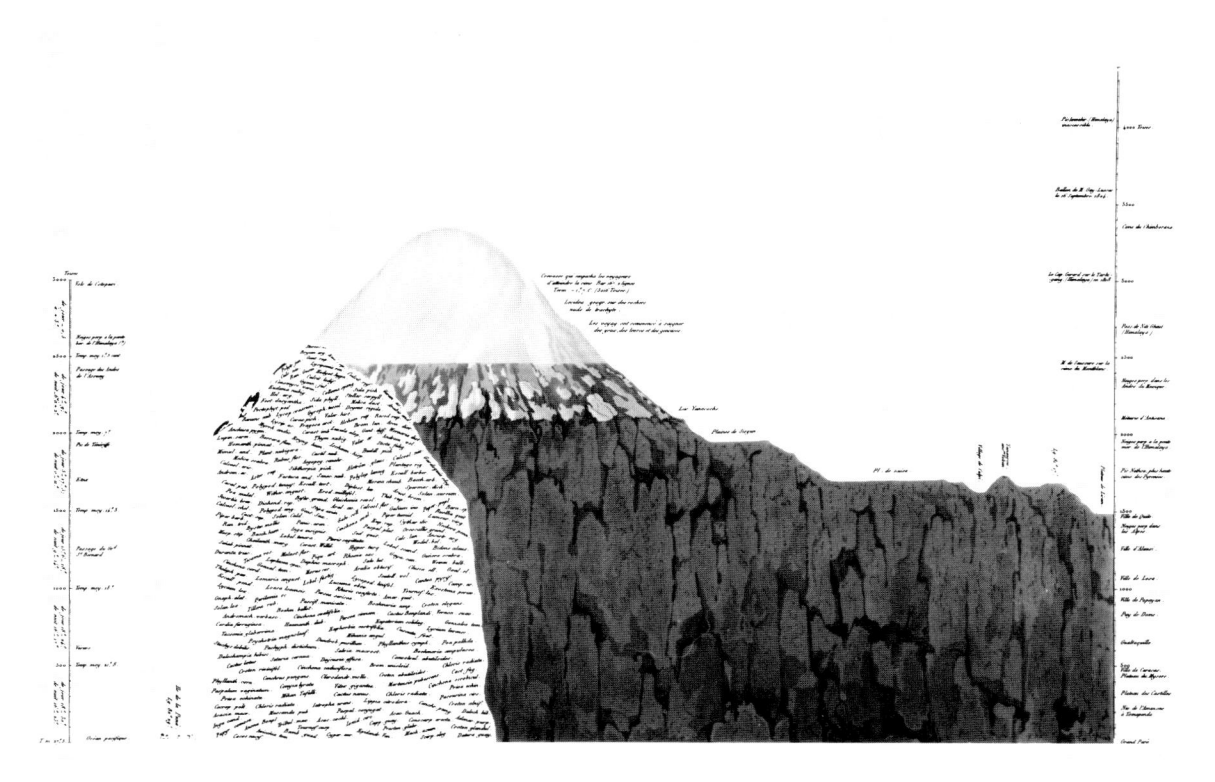

Ein pflanzengeographisches Profil des Chimborazo aus den Aufzeichnungen Alexander von Humboldts.

eine ganze Stunde benötigt, gibt schon einen Hinweis darauf, wie lange man für die 1310 Meter zum Gipfel am nächsten Tag brauchen wird.

Bergführer, Koch und Träger sind bereits auf der Hütte. Der Bergführer, Javier Cabrera, vierundzwanzig Jahre alt, könnte unser Sohn sein. Er lebt in Ambato, der Stadt am Fuße des Chimborazo. Zusammen schauen wir uns von der Hütte aus den Routenverlauf, der von der tiefstehenden Sonne plastisch beleuchtet wird, genau an und prägen uns die nötigen Details ein. Der größere Teil des Aufstiegs wird morgen noch im Dunkeln zu bewältigen sein.

Im Gegensatz zur Cotopaxi Hütte gibt es hier mehrere kleine Schlafräume. Die Hüttentür schließt richtig, so daß der eiskalte Wind nicht durch die ganze Hütte pfeift. Der Koch ist vollauf damit beschäftigt, auch in der Höhe von fünftausend Metern ein richtiges Dinner mit mehreren Gängen auf den Tisch zu zaubern. Aus Erfahrung weiß ich aber, daß sich das tolle Menü, das da langsam und mühsam zubereitet wird, nur schwer verdauen läßt. Ich möchte auch nicht solange warten, bis endlich alles fertig ist.

So beschränke ich mich auf geröstete Haferflocken und Unmengen Tee. Ich packe noch meinen Rucksack, und krieche um acht Uhr in den Schlafsack. Aus Furcht, wieder so zu frieren wie auf der Cotopaxi Hütte, habe ich mich besonders warm eingepackt, fange aber bald an, wieder etwas auszuziehen. Richtigen Schlaf finde ich diese Nacht nicht. Gegen zehn Uhr kommen auch die anderen Bergsteiger ins Lager.

Kurz nach Mitternacht stehen wir auf. Im Aufenthaltsraum herrscht die hektische Stimmung vor dem Aufbruch zu einer großen Bergtour. Rucksäcke werden noch einmal durchgewühlt, ob auch alles da ist. Außer uns machen sich noch eine Dreier- und eine Zweierseilschaft für die Tour fertig.

Gerade als wir losgehen wollen, streikt meine Stirnlampe. So ein Mist! Das Wetter ist gut, keine Wolken, kein Nebel, fast windstill. Soll mir jetzt diese Kleinigkeit einen Strich durch die Rechnung machen? Bedenken habe ich ohnehin. Ein Sturz mit dem Rennrad vor einem Jahr ist leider noch nicht vergessen. Ich habe fleißig zu Hause trainiert und wir haben uns drei Wochen bei unseren Wanderungen und Bergtouren akklimatisieren können, aber 6000 Meter Höhe lassen immer noch zweifeln.

Javier bekommt die Stirnlampe wieder in Ordnung; es war nur ein Wackelkontakt. Um halb zwei morgens treten wir vor die Hütte. Über uns all die Sterne des Äquatorhimmels mit dem Kreuz des Südens. Die beiden anderen Seilschaften sind schon ein ganzes Stück voraus, wir sehen deutlich die tanzenden

In der Höhe von 3400 bis etwa 3600 Meter ist kein Ackerbau mehr möglich, nur noch Alpacas und Lamas finden etwas Nahrung.

Lichtpunkte ihrer Lampen am Hang. Ich fühle mich sehr gut, und wir kommen zügig voran. Bis nahe der Schneefelder sind Trittspuren zu finden. Über einiges Blockwerk erreichen wir den Firn. Dort legen wir die Steigeisen an und sind wenige Minuten später wieder unterwegs.

Die Höhe ist jetzt deutlich zu spüren. Sowie ich in das Tempo von tieferen Lagen verfallen will, werde ich durch den Sauerstoffmangel gebremst. Doch bald haben wir unseren Rhythmus gefunden: Ganz kleine Schritte, aber immer in Bewegung bleiben!

Es folgt die Querung unter den Felsen von »El Castillo« zu der Spaltenzone, die hinauf führt auf das kleine Plateau. Wir haben jetzt den Eis- beziehungsweise Firngrat erreicht, der auf eine Höhe von 6270 Meter direkt zum Ventimilla-Gipfel des Chimborazo hinaufführt. Die Abstiegsspuren von gestern mit tiefen Trittlöchern sind beim Aufstieg keine Erleichterung. Die Schritte werden zu groß, und sofort muß ich stehenbleiben, um den Atem wieder zu beruhigen. Wir steigen lieber unabhängig von den Spuren mit kleinen Schritten in leichten Serpentinen an. Durch die verstärkte Atmung ist der Mund ständig trocken. Jede Stunde ist eine kurze Rast nötig, um einen Schluck heißen Tee aus der Thermosflasche zu trinken.

Nach gut vier Stunden kündigt sich ganz allmählich der neue Tag an. Bis jetzt hat uns der Vollmond sehr geholfen, so daß wir teils ohne Stirnlampe gehen konnten. Jetzt verschwindet er leider hinter einer Wolkenbank, die langsam am Horizont auftaucht.

Ein Steilaufschwung nach dem anderen wird überwunden, aber nur, um den nächsten Aufschwung erscheinen zu lassen. Der Gipfel bleibt verborgen. Auf knapp 6000 Meter Höhe, etwa um sechs Uhr, müssen wir beide wieder einmal zum tiefen Durchatmen stehenbleiben. Javier sagt: »Es ist nicht mehr weit.« Ich kann es kaum glauben. Das Licht reicht gerade aus, um einige Bilder zu machen, die Kamera habe ich griffbereit unter der wärmenden Polarguardjacke. Der Hang legt sich allmählich zurück, bis schließlich am höchsten Punkt des Grates ein eingerammter Pfahl zu sehen ist. Der Ventimilla-Gipfel ist erreicht. Wir sind 6270 Meter hoch. Doch zum höchsten Punkt des Chimborazo muß noch eine weite Mulde gequert werden. Der Himmel ist klar, im Osten schauen wir auf ein tief unter uns liegendes Wolkenmeer. Es weht nur ein ganz schwacher Wind, die Kälte hält sich in Grenzen. Die Trockenheit im Hals quält uns. Zuerst einmal etwas trinken. Trotz der Höhe gelingt es sogar, ein bißchen zu essen.

Fünfeinhalb Stunden haben wir bis hierher benötigt. Üblich sind sieben bis elf Stunden, ich bin richtig stolz. Wir lassen die Rucksäcke stehen und gehen nach einer halben Stunde weiter bis zum nächsten Punkt des Chimborazo. Der Abstieg in die

Auch beim Abstieg wollen eintausenddreihundert Höhenmeter erst einmal bewältigt werden. Eine Bergtour ist erst am Fuß des Berges zu Ende: Unsere Aufmerksamkeit darf trotz Anstrengung und Ermüdung nicht nachlassen.

Mulde geht sehr schnell. Aber der Gegenhang zieht sich endlos hin! Die Höhe ist jetzt stark zu spüren. Nach insgesamt sechs Stunden stehen wir auf dem Gipfel des Chimborazo, 6310 Meter hoch! Weit geht der Blick hinaus über das Land, ganz Ecuador liegt zu unseren Füßen. In der Ferne tauchen all die anderen großen Vulkane auf, Illiniza, Cotopaxi und Cayambe. Wir geben uns die Hand. Die grandiose Welt aus Schnee und Eis belohnt uns in diesem Augenblick für all unsere Mühen. Nach einigen Bildern und kurzer Rast gehen wir zurück.

Um neun Uhr beginnen wir den Abstieg über den Grat. Kurz darauf kommen uns die beiden anderen Seilschaften entgegen. Nach etwa der Hälfte des Abstieges spüre ich meine Beine gewaltig. Nach einer guten Stunde sind wir mit kleinen Rasten wieder an der Felsbarriere von El Castillo. Unter der brennenden Sonne weicht der Firn schnell auf und wir schwitzen stark. Wir haben Winkverbindung mit der Whymperhütte und lassen uns jetzt Zeit, da mir vor Anstrengung zweimal die Füße im Geröll wegrutschen.

Zweihundert Meter oberhalb der Hütte kommt uns Christel entgegen und bringt etwas zu trinken. Ich bin sehr glücklich, daß es ihr wieder gut geht, nachdem sie am Vortage große Schwierigkeiten mit der Höhe hatte. Ich war in Sorge. Kurt hatte den Auftrag, mit ihr sofort abzusteigen und in tiefere Lagen zu fahren, wenn die Höhenkrankheit anhalten sollte. Überraschend treffe ich an der Hütte Marco Cruz, den bekannten Bergsteiger aus Riobamba. Mein junger Führer Javier freut sich mit mir darüber, daß wir eine gute Seilschaft waren. Er bedankt sich, daß ich ihn über die Gletscherspalten gesichert habe, was anscheinend bei seinen Kunden nicht immer der Fall ist.

Nach den Versuchen am Cayambe und Cotopaxi, die wegen des Wetters erfolglos blieben, hatte ich Zweifel, ob die Besteigung des Chimborazo gelingen würde. Jetzt strecke ich müde und zufrieden die Beine an der Hütte aus.

Die Whymperhütte am Fuße des Chimborazo liegt auf einer Höhe von fünftausend Meter. Hier ist die Luft schon sehr dünn.

Der Gipfel des Chimborazo. Im Hintergrund sind der Cotopaxi und der Cayambe zu sehen. Ein großes Ziel ist erreicht, ein Wunsch in Erfüllung gegangen.

Die Aussicht auf das Meer und die dahinter liegende Insel Santiago vom höchsten Punkt der Insel Bartolomé aus gehört zu jedem Besuchsprogramm der Galápagos-Inseln.

Die Arche Noah im Pazifik

Auf den Galápagos-Inseln

Kaum ein Reiseveranstalter, der die Andenländer im Programm führt, läßt ein Galápagos-Angebot fehlen. Schon 1934 wurden auf den Inseln viele seltene Tierarten vom Staat unter Schutz gestellt. Da dieses Gesetz so gut wie nicht überwacht wurde, bestand der Artenschutz nur auf dem Papier. Erst im Jahre 1959 wurden die unbesiedelten Inselbereiche auf Galápagos durch Gesetz zum Nationalpark erklärt.

Auch wir wollen zu den »verzauberten Inseln«, der »Arche Noah im Pazifik«, zum »Laboratorium der Natur«, zum »Garten Eden«, um nur einige der Bezeichnungen für das Paradies zu nennen, das knapp eintausend Kilometer vor der Küste Ecuadors liegt. Auf der kleinen Inselgruppe im Dreieck zwischen Mittel- und Südamerika ist wirklich fast alles anders als auf der übrigen Welt. Wildlebende Tiere fliehen nicht vor dem Menschen, sondern lassen seine Nähe zu und suchen in manchen Fällen sogar Kontakt. Ehemalige Haustiere wie Hunde, Ziegen und Esel leben hier wild. Leguane, in kontinentalen Lebensräumen ausschließlich Landtiere, führen hier ein amphibisches Dasein.

Hier fand Charles Darwin den letzten schlüssigen Beweis für die Unrichtigkeit der wörtlichen Auslegung der Schöpfungsgeschichte. Die Galápagos-Inseln sind einzigartig auf unserer Erde, aber auch diesem Naturdenkmal drohen Gefahren, die man nicht geringschätzen sollte. Als Darwin 1835 die Galápagos-Inseln besuchte, waren Fauna und Flora noch intakt. Heute sieht das anders aus.

Der seit den sechziger Jahren stark angestiegene Besucherstrom wird mittlerweile so gelenkt, daß die Belastung der Natur begrenzt bleibt. Die verschiedenen Inseln können – außer Baltra – nur mit Schiffen, auf denen auch übernachtet wird, besucht werden. Die Personenzahl pro Schiff und Landeplatz ist beschränkt. Im Gegensatz zu früher sind heute nicht mehr alle Inseln für Besucher zugänglich. Einige sind allein wissenschaftlichen Untersuchungen vorbehalten.

Durch strenge Nationalparkregeln wird versucht, Schäden zu vermeiden. Alle Gruppen werden jeweils von einem Führer der Nationalparkverwaltung begleitet, der darauf achtet, daß die Regeln genau eingehalten werden. Die festgelegten Wege dürfen nicht verlassen, und nichts darf von den Inseln mitgenommen werden. Das Füttern der Tiere ist selbstverständlich untersagt. Der Besuch der Inseln ist nur während des Tages in der Zeit von sechs bis achtzehn Uhr gestattet. Wie weit die Einhaltung der Vorschriften bei weitersteigenden Besucherzahlen möglich ist, wird die Zukunft zeigen.

Es soll natürlich nicht verschwiegen werden, daß die Galápagos-Inseln in das umsatzstarke Gewerbe des Tourismus einbezogen sind. Bei allen kritischen Stimmen, die von einem Besuch abraten, ist eine vollständige Einstellung des Tourismus weder sinnvoll noch durchführbar. Ecuador, das nicht zu den reichen Ländern der Erde zählt, finanziert aus den Einnahmen der Nationalpark-Besuche einen Teil der notwendigen Schutzmaßnahmen.

Für interessierte Menschen ist es sehr wichtig, die Galápagos-Inseln zu erleben, denn wer die Möglichkeit hat, die ursprüngliche Natur direkt kennenzulernen, wird auch stärker bereit sein, für ihren Schutz einzutreten! Heute sind diese Inseln zwar noch ein Paradies, aber ein Paradies, das Überlebenshilfe braucht.

Es gibt die unterschiedlichsten Möglichkeiten, mit einem Schiff die Inseln zu besuchen: Vom kleinsten Boot, das Platz für sechs bis acht Personen bietet, bis hin zum luxuriösen Kreuzfahrtschiff mit neunzig Passagieren.

Wer, wie wir, zum Beobachten und Photographieren Galápagos besucht, ist mit einem kleinen Schiff viel beweglicher, und bei den Landgängen ist eine kleine Gruppe ohne Zweifel angenehm. Wir sind insgesamt nur sechs Passagiere auf unserem Boot. Es gibt also genügend Platz für jeden von uns, natürlich auch für unseren rundlichen Kapitän. Außerdem gehören zur Schiffsbesatzung Koch und Schiffsjunge und der Führer der Nationalparkverwaltung.

Nach der Landung mit dem Flugzeug auf der Insel Baltra besteigen wir am Hafen unser kleines schwimmendes Hotel. Der immer fröhliche Koch überrascht uns gleich mit einem reichhaltigen Mittagessen. Dann tuckern wir los. Zunächst in Richtung Santiago, einer Insel, die auch San Salvador oder James genannt wird.

Die Galápagos-Inseln tragen englische und ecuadorianische Namen. Die englischen Namen stammen aus der Zeit der Seeräuber. Sie haben sich in der Literatur eingebürgert, werden aber durch die offiziellen ecuadorianischen Namen allmählich verdrängt (siehe Seite 105). Es ist nach wie vor, selbst im offiziellen Verkehr, üblich, von den Galápagos-Inseln zu sprechen, während der amtliche Name »Archipelago de Colon« ganz ungebräuchlich ist.

GALÁPAGOS-INSELN

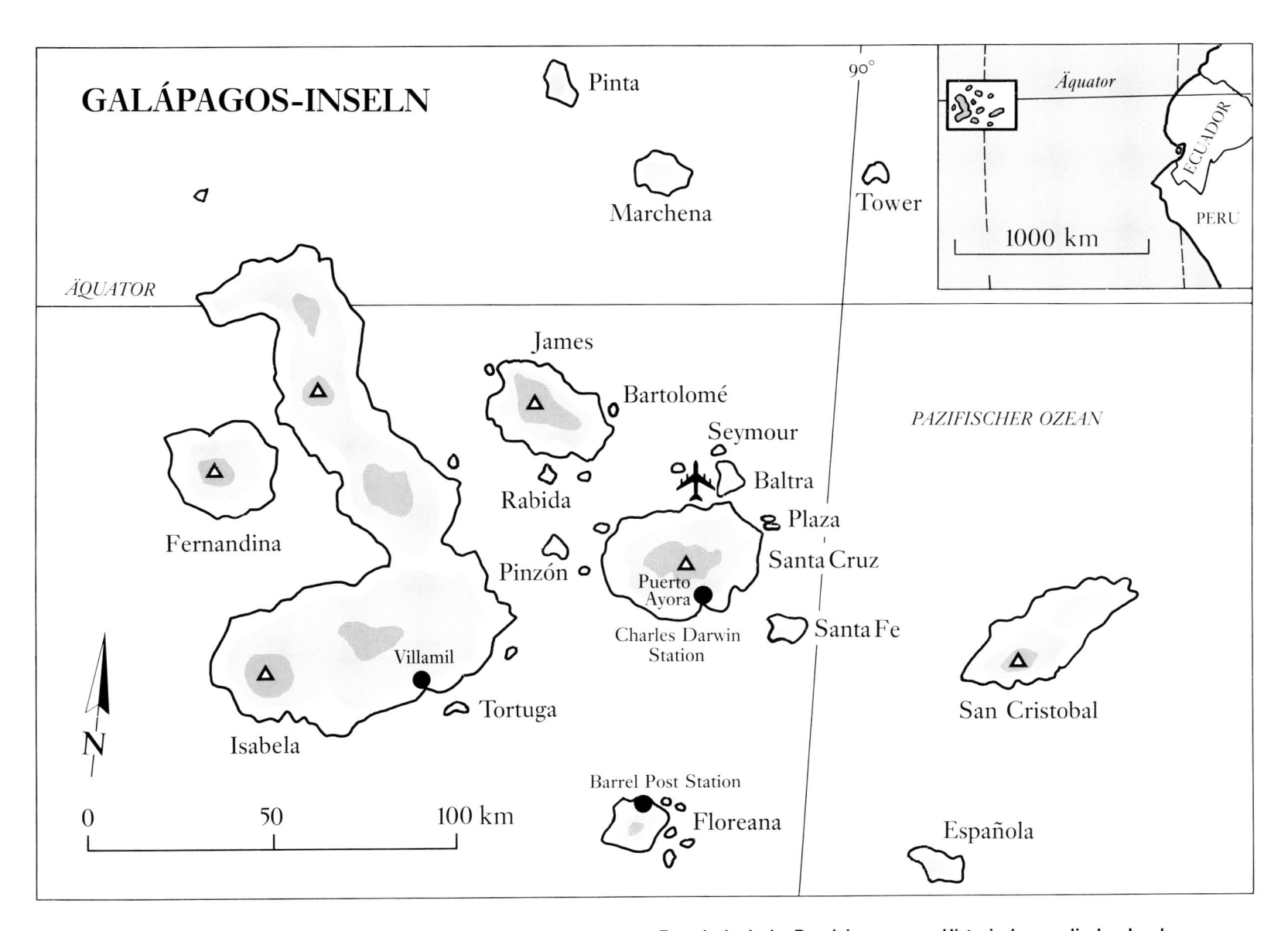

Ecuadorianische Bezeichnung	Historischer englischer Inselname
Isabela	Albemarle
Santa Cruz	Indefatigable
Fernandina	Narborough
Santiago (San Salvador)	James
San Cristóbal	Chatman
Floreana oder Santa Maria	Charles
Marchena	Binloe
Española	Hood
Pinta	Abingdon
Baltra	Süd-Seymour
Santa Fé	Barrington
Pinzón	Duncan
Genovesa	Tower
Rábida	Jervis
Seymour	North Seymour
Wolf	Wenman
Bartolomé	Bartholomew
Darwin	Culpepper
Plaza Sur	South Plaza

Auf der Insel Santa Fé. Durch die Trockenvegetation und vorbei an zahlreichen Baumopuntien führt der Weg auf das Plateau der Insel mit schönem Blick auf die Bucht.

Beim Besuch der Inseln wird jeweils zwischen »nasser« und »trockener« Landung unterschieden: Weil nur sehr selten Anlegestege oder Mauern vorhanden sind, überwiegen die sogenannten nassen Landungen, das heißt Schuhe ausziehen und barfuß durchs Wasser. An Land müssen die Schuhe wieder angezogen werden, damit wir uns nicht an den oft scharfkantigen Steinen Schrammen und Kratzer holen.

Gleich bei unserem ersten Landgang, auf der Insel Santiago an der Playa las Bacha, üben wir dieses Verfahren an einem schönen weiten Sandstrand. Auf den nahen Felsen sehen wir die ersten Blaufußtölpel. Die Vögel schauen nur, was wir machen, zeigen gar keine Scheu vor uns und lassen uns ganz dicht herankommen. Über die nassen schwarzen Felsen eilen große, rote Krabben. Sie allerdings haben gelernt, sich vor den hungrigen Krabbenreihern in acht zu nehmen.

Nur wenige Meter vom Strand entfernt liegen verschiedene kleinere Lagunen mit Brackwasser. Wir haben Glück und können dort einige rosa Flamingos beobachten, die auch im Galápagos-Paradies schwer zu entdecken sind. Später nehmen wir unser erstes Bad im Meer. Noch heute morgen waren wir in der kühlen Höhenluft von Quito und liegen jetzt, rund tausend Kilometer weiter westlich, im warmen Wasser des Pazifik.

Unser Boot ankert am Abend in der Nähe der Plaza-Inseln. Beim Abendessen ist es bereits dunkel und etwas kühler geworden. Die Sterne funkeln und flimmern, besonders auffällig das Kreuz des Südens. Vom Ufer hören wir nachts das Bellen der Seelöwen. So erleben wir hier direkt am Äquator, bei ruhigem Wasser, eine unbeschreiblich schöne Stimmung.

Inseln am Äquator im Pazifik. Damit verbinden sich sofort Begriffe wie Tropen, grüne Palmen, üppiger und dichter Regenwald, seltene Orchideen, bunte Vögel und gewaltige Regengüsse! Von all dem ist hier nichts zu finden. Statt Palmen finden wir Kakteen und dürre Sträucher. Auch leben hier arktische Tiere, wie Pinguine, Seelöwen und Pelzrobben.

Das Klima der Inselgruppe wird von verschiedenen Meeresströmen bestimmt, die hier für die veränderten Temperatur- und Wetterbedingungen sorgen. Der Humboldtstrom bringt aus dem Süden kaltes und sehr nährstoffreiches Wasser bis an den Äquator. Dieses Wasser stammt teilweise aus der Antarktis, aber auch aus nachströmendem Tiefenwasser. Der Strom zieht an der Westküste von Südamerika nach Norden. Ein Arm des Stromes spaltet sich ab und wird unter dem Einfluß des besonders von Juni bis November stark wehenden Südostpassates nach Westen, zum Äquator, und damit zu den Galápagos-Inseln abgelenkt. So herrscht in den Monaten Juni bis

November für die Lage am Äquator ein verhältnismäßig kühles Wetter. Nur in den Gipfelregionen der Inseln kommt es gelegentlich zu Regenfällen, während sich draußen auf dem Meer und in Küstennähe nachts und in den frühen Morgenstunden leichter Nebel bildet. Die heiße Jahreszeit von Dezember bis Mai wird durch »El Niño«, das Kind, hervorgerufen. Dieser warme Strom überflutet für einige Monate den kalten Humboldtstrom, das Wasser verdunstet leichter, und es kommt verstärkt zur Bildung von Wolken, die sich nun im Inneren der Inseln abregnen. An der Küste und auf dem Meer kommt es dabei nur strichweise zu Regenfällen.

Die durchschnittliche Lufttemperatur auf den Galápagos-Inseln liegt zwischen 27 Grad im Februar und März und 21 Grad im August und September. Die Tageshöchstwerte betragen ungefähr 30 Grad im Schatten. Die Wassertemperatur liegt in der warmen Jahreszeit nicht über 25 Grad und fällt in der Trockenzeit im Westen des Archipels bis auf etwa 20 Grad und darunter ab.

Da am Äquator Tag und Nacht gleich lang sind, können wir einmal richtig ausschlafen. Das leichte Schiffschaukeln ist so angenehm, daß wir fest wie Kinder in der Wiege schlafen. Nach dem Frühstück geht es mit dem Dingi die wenigen Meter hinüber zur Insel.

Junge Seelöwen liegen dicht an dicht auf dem Landungssteg und erheben sich erst nach längerem guten Zureden von ihren Schlafplätzen. Die Insel Plaza Sur ist mit einer Fläche von dreizehn Hektar verhältnismäßig klein. Sie liegt unmittelbar gegenüber von Plaza Norte, die Wissenschaftlern vorbehalten ist. Plaza Sur ist etwa tausend Meter lang und bis zu zweihundert Meter breit. Die flache, langgestreckte Insel steigt nach Süden hin an und bricht dort mit einer Steilwand von fünfundzwanzig Meter Höhe zum Meer ab.

Die Vielfalt der Pflanzen und Tiere ist für das kleine Eiland groß. Baumopuntien und der rote Teppich von Galápagos-Sesuvien bestimmen das malerische Bild. Die am Boden wachsenden Sesuvien beeindrucken durch ihren spektakulären jahreszeitlichen Farbwechsel. Die Rotfärbung in der Trockenzeit, wie wir sie jetzt erleben, wird in der Regenzeit zu einem intensiven Grün mit fleischigen Blättchen verwandelt.

Wir gehen durch eine Gruppe von Seelöwen, kommen höher hinauf und stehen nun unter den eigenartigen Baumopuntien. Hier finden wir die ersten Landleguane, auch Drusenköpfe genannt. Tatsächlich sehen sie wie verkleinerte Drachen der Saurier-Zeit aus. Die Drusenköpfe der Art *Conolophus subcristatus* leben in dem Drittel der Insel, das mit Kakteen bewachsen ist. Während der Trockenzeit ernähren sich die Landleguane auch von den Früchten und Kaktusscheiben der Baumopuntien, die sie sogar mit den Stacheln vertragen. Im Gegensatz zu den Meerechsen, denen wir später auf anderen Inseln begegnen werden, verteidigen die Männchen der Landleguane untereinander sehr energisch ihre festen Territorien.

Zahlreiche Seevögel haben an der steilen Südküste ihre Nistplätze. Darunter sind uns besonders die Gabelschwanzmöwen aufgefallen. Diese Möwen mit ihren großen, rotumränderten Augen sehen elegant aus. Der Kopf ist dunkelgrau und hebt sich gegen den helleren Körper effektvoll ab. Das hellgraue Federkleid geht zum Bauch hin in ein reines Weiß über. Die Beine leuchten wie die Augenringe in einem frischen Rot. Die Gabelschwanzmöwe *(Creagus furcatus)* kommt außer auf Galápagos nur auf einer kleinen Insel an der Küste von Kolumbien vor. Sie brütet aber ausschließlich hier. Auch fliegen nur diese Möwen nachts aufs Meer hinaus um zu jagen. Durch ihr helles Gefieder am Bauch und einen auffälligen Fleck am Schnabel können die Jungvögel auch in der Dunkelheit ihre Eltern erkennen. Auf dem Weg an der Steilküste entlang beobachten wir noch Blaufußtölpel, die im Aufwind der Steilküste phantastisch segeln können, und einige Seelöwen-Junggesellen.

Auf der Überfahrt zur Insel Santa Fé ist die See recht bewegt, aber niemand wird seekrank. Wir müssen freilich alle erst lernen, uns während der Fahrt sicher auf dem schwankenden Schiff zu bewegen. Unser schwergewichtiger Kapitän beherrscht das ausgezeichnet, er bewegt sich nämlich so wenig wie ein Anker.

Die Insel Santa Fé besitzt einen wunderschönen, natürlichen Hafen. Hier werden wir den ersten Teil der Nacht verbringen. Um am Tage für die Inselbesuche ausreichend Zeit zu haben, fahren die Schiffe oft auch noch nachts längere Strecken.

Am Nachmittag, die Sonne zeichnet schon ihre langen, plastischen Schatten in den Sand, gehen wir an Land. Der Sandstrand ist dicht von Robben belagert, und wir müssen uns erst einen Weg im Zickzack durch die dösenden Tiere bahnen. Einige heben verschlafen den Kopf und schauen, was los ist, um nach einem herzhaften Gähnen weiterzuschlummern.

Beim Anziehen der Schuhe kommen gleich die neugierigen und zutraulichen Spottdrosseln und untersuchen genau unsere Schuhe und Schnürsenkel. In Nähe des Landeplatzes ist ein kleiner »Wald« mit Baumopuntien, die sehr hohe und glatte Stämme haben. Von der Seelöwenbucht und dem »Wald der Kakteenbäume« führt ein sehr schöner Weg hinauf auf das Plateau der Insel. Nach einer Steilstufe steigt der Weg nur noch leicht an. Hier oben stehen in größeren Abständen ebenfalls zahlreiche Kakteenbäume. Vom Weg aus beobachten wir einen

Landleguan. Er ist wesentlich größer als seine Verwandten auf Plaza Sur. Der Santa-Fé-Landleguan der Art *Conolophus pallidus* kommt nur hier vor. Er unterscheidet sich von seinen Artgenossen durch den kräftiger ausgebildeten Rückenkamm und seine auffällige Gelbfärbung. Er läßt sich durch unser Näherkommen mit der Kamera nicht stören.

Nach dem Schwimmen im Wasser der Bucht schmeckt das Abendessen vorzüglich. Wir sind alle rechtschaffen müde und schlafen bald ein. Plötzlich fahre ich hoch, wäre fast mit dem Kopf angeschlagen, ein Krach reißt uns alle aus dem Schlaf. Der Dieselmotor unseres Schiffes ist angesprungen, unsere erste Nachtfahrt beginnt. Bald haben wir uns an den Lärm gewöhnt. Doch kaum haben wir den schützenden Naturhafen verlassen, bringen die Wellen das Schiff in Bewegung. Jetzt finden wir die relativ engen Kojen ganz sinnvoll. Man liegt gut »verkeilt« darin und kann trotz der Schiffsbewegungen im Schlaf nicht herausfallen. Solche kleinen Unbequemlichkeiten verstärken das Erlebnis einer Reise.

Beim ersten Lichtschimmer am Horizont erreichen wir die Insel Española. Der Motor verstummt, nur das leise Plätschern der Wellen ist zu hören. Española ist die südlichste Insel im Archipel, ein sonnenverbranntes, flaches Basaltlavaplateau. Von den Geologen wird sie als Überrest eines archaischen Schildvulkans angesehen. Die Basaltlava gehört zu den ältesten Gesteinen von Galápagos. Die Insel ist vierzehn Kilometer lang und sechs Kilometer breit. Am südlichsten Steilabbruch steigt sie über zweihundert Meter an. Der Bewuchs ist äußerst spärlich. Baumkakteen und kahle Palo-Santo-Bäume, typische Pflanzen der Trockenzone, wachsen hier und da. Heute leben hier Seelöwen, Meer- und Lavaechsen und der Galápagos-Bussard. Besonders eindrucksvoll sind die großen Brutkolonien der Blaufuß- und Maskentölpel.

An der westlichsten Spitze, der Punta Suárez, gehen wir an Land. Unser Schiff liegt allein im Naturhafen der Bucht, und somit sind wir die einzigen Besucher der Insel. Links und rechts des Weges stehen die lustigen Blaufußtölpel, die uns wie kleine Komiker vorkommen. Besonders beim Anlocken der Weibchen reizen sie uns zum Lachen. Kaum taucht ein Weibchen auf, so reckt das Tölpel-Männchen den Kopf mit dem langen spitzen Schnabel fast senkrecht nach oben und die Flügel werden auffällig nach vorn vom Körper abgewinkelt. Hat das Weibchen sich in die Nähe locken lassen, »tanzt« das Männchen, um ihr zu gefallen, wobei ganz auffällig die schönen blauen Füße abwechselnd angehoben und dem Weibchen gezeigt werden, als wolle der Tölpel sagen: »Schau mal her, einen Mann mit schöneren blauen Füßen wirst du auf dieser Insel nicht finden.« Hat sie »Ja« gesagt, dann pickt das Paar oder auch nur einer der beiden Tölpel eine Feder, einen Zweig oder ein kleines Steinchen auf und zeigt es dem anderen. Dieses Überreichen von Nestbaumaterial ist bei den Blaufußtölpeln und auch bei den Maskentölpeln, die sich ähnlich verhalten, eine rein symbolische Handlung, da die Vögel keine Nester mehr bauen. Die beiden Eier – im ersten Jahr ist es nur ein Ei – werden direkt auf den nackten Boden gelegt und dann von beiden bebrütet.

Kommt das Weibchen näher, wird stets die Gabe angeboten. Das wiederholt sich später bei jeder Begrüßung und jedem Wechsel am »Nest«. Tölpel sind eigentlich gegeneinander ziemlich aggressiv, und damit die Partner zueinander kommen und auch beieinanderbleiben, sind diese beschwichtigenden Rituale notwendig.

Eine besondere zoologische Kostbarkeit ist auf Española die Albatros-Kolonie. Diese Vögel brüten nur hier. Unter den dreizehn weltweit verbreiteten Arten ist der Galápagos-Albatros der einzige reine Tropenbewohner. Die geschätzte Population beträgt mehrere tausend Paare.

Den größten Teil seines Lebens verbringt der Albatros in der Luft. Er ist einer der größten und schwersten Seevögel, die wir kennen. Sein Gewicht liegt zwischen drei- und fünfeinhalb Kilogramm.

Das Gewicht macht den Vögeln beim Starten schwer zu schaffen, darum sind sie gezwungen, die Fische und Tintenfische von der Wasseroberfläche zu fangen. Die Spannweite der Flügel beträgt über zwei Meter. Damit gehört der Galápagos-Albatros zu den kleineren Arten und wird vom Wander-Albatros um gut einen Meter übertroffen.

Wir stehen direkt am Steilabbruch der Küste und schauen den zahlreichen Seevögeln zu, Gabelschwanzmöwen, Fregattvögeln, Blaufuß- und Maskentölpeln. Die an- und abfliegenden Vögel erfüllen die Luft mit ihrem heiseren Geschrei, das sogar die Brandung übertönt.

Zwischen den bewachsenen Lavablöcken kommt ein Albatros angewatschelt. Seine Bewegungen sind plump und schwerfällig, dabei ist er nur wenig größer als ein ausgewachsener Puter. Er zögert immer wieder, geht dann ein Stück weiter. Plötzlich beginnt er, mit den Flügeln zu schlagen und nach vorn zu rennen. Dabei strauchelt er wiederholt, dann hat er den Abbruch erreicht und im nächsten Moment schwebt er hinaus. Seine Schwerfälligkeit ist vergessen. Elegant und schwerelos gleitet er durch die Luft. Albatrosse sind hervorragende Flieger und Meister im Ausnutzen der Aufwinde. Im Flug ist dieser Vogel an seinen langen, schmalen Flügeln leicht zu erkennen, ebenso wie

Diese Kakteen werden groß wie Bäume und bilden einen hohen Stamm. Das hat seinen guten Grund: In der Trockenzeit fressen Landleguane und Schildkröten gerne die Blätter und Früchte der Kakteen, sofern sie diese erreichen können.

am langen, gelblichen Schnabel. Auf seinen Wanderungen kommt der Galápagos-Albatros bis an die Küsten von Peru und Chile.

Ähnliche Probleme wie beim Starten haben die schweren Vögel auch beim Landen. Kurze Zeit später versucht es einer von ihnen in unserer Nähe. Nur unter großen Schwierigkeiten kann er abbremsen, überschlägt sich dabei leicht, das Ganze sieht fast wie eine Bruchlandung aus. Jetzt kann ich verstehen, warum die Vögel solange in der Luft bleiben.

»Geheiratet« wird bei Familie Albatros im Alter von vier bis sieben Jahren. Die Paare bleiben dann das ganze Leben beieinander. Unter Vogelliebhabern ist der hochritualisierte Balztanz der Albatrosse berühmt, der gewisse Ähnlichkeiten mit dem Verhalten der Tölpel hat. Nach der Paarung, Ende des Jahres, legt das Weibchen Mitte April ein einziges Ei, das zwei Monate lang bebrütet wird. Die Jungvögel werden von den Altvögeln mit einer ölhaltigen Flüssigkeit gefüttert, die aus Fisch- und Tintenfischresten gebildet wird. Die jungen Vögel fressen bei einer Mahlzeit so viel, daß sie danach unfähig sind, sich zu bewegen. Man hat festgestellt, daß bis zu zwei Liter auf einmal gefüttert werden. Die Jungvögel müssen mit einer »Füllung« oft bis zu einer Woche auskommen. Dabei wachsen sie schnell und werden zum Jahresende flügge. Bereits im Januar verlassen sie Española für ihre ersten Jahre auf dem Meer.

Wir wandern vom Nistgebiet der Albatrosse etwas weiter nach Osten. Schon von weitem können wir das »Blasloch« sehen. Unmittelbar am Wasser ist ein Loch in der Lavadecke entstanden. Bei starkem Wellengang wird das Wasser in einen Verbindungskanal gepreßt. Es schießt dann in einer kräftigen Fontäne bis zu zwanzig Meter in die Höhe und überspült anschließend die Felsen.

Hier lebt eine große Familie von Meerechsen. Sie sind Landtiere, die sich – eine Besonderheit von Galápagos – dem Meer angepaßt haben. Sie tauchen und weiden die Algen ab. Lange Zeit war ungeklärt, wie die Meerechsen und andere am Meer lebende Tiere das aufgenommene Salzwasser wieder ausscheiden. Der Mensch ginge zugrunde, würde er nur Meerwasser trinken, da die Nieren so große Mengen Salz nicht ausscheiden können. Die Meerechsen aber nehmen mit der Nahrung literweise Salzwasser auf und überleben. Sie können durch dicht an den Augen sitzende große Salzdrüsen eine Flüssigkeit ausscheiden, deren Salzkonzentration höher ist als die des Meerwassers.

Auf dem schwarzen und nassen Lavagestein laufen auch hier unzählige Rote Klippenkrabben herum. Diese sehr häufige Krebsart hält sich immer in der Nähe der Wasserlinie auf. Vor den heranrollenden Wellen nehmen sie geschickt Reißaus. Nur selten werden sie überspült. Rote Klippenkrabben weiden Algen und Meersalat von den Felsen ab. Sie fressen aber auch Reste

Ende des letzten Jahrhunderts gab es hier in der Nähe der Sullivan Bay auf der Insel Santiago einige Ausbrüche kleinerer Vulkane. Die schwarzen Lavaströme zwischen den farbigen Hügeln sind nahezu ohne Vegetation. Nur hier und da beginnen sich erste Pionierpflanzen anzusiedeln.

von toten Tieren, gelegentlich auch Krabben der eigenen Art. Weil sie von verschiedenen Vögeln gejagt werden, sind diese Krabben ziemlich scheu und lassen sich nur schwer photographieren. Bei den Aufnahmen in der Brandung bin ich einige Male ganz schön naß geworden.

Langsam wandern wir zum Strand der Punta Suarez zurück und gehen nach einem weiteren Tag großartiger Naturerfahrungen auf unser Schiff.

Die zweite Insel im Süden des Archipels, Floreana, ist knapp dreimal so groß wie Española. Sie wurde in den dreißiger Jahren in aller Welt bekannt, als dort deutsche Siedler eine neue Heimat suchten. In jener Zeit ging der Name der fernen Insel durch die Presse, weil mehrere Menschen auf noch heute ungeklärte Weise verschwanden. In dem Buch »Postlagernd Floreana« von Margret Wittmer wird diese rätselhafte Geschichte beschrieben.

In der Post Office Bay, im Norden der Insel, steht die berühmte Posttonne, die erstmals 1793 auf Seekarten erschien. Sie wurde von englischen Walfängern aufgestellt, die jahrelang nicht nach Hause kamen. Jedes Schiff, das Galápagos verließ, hinterließ an dieser Stelle persönliche Nachrichten und nahm die Post mit.

Wir sind am Sandstrand der Punta Cormorán naß gelandet und wandern zu einer großen Lagune hinüber. In der großen Bucht stehen etwa ein Dutzend Flamingos. Mit Stativ und Teleobjektiv photographiere ich einige Exemplare mit unterschiedlicher Färbung. Wir haben das Glück, daß zwei Flamingos auf der Futtersuche immer näher kommen, so daß ich schließlich eine wesentlich kürzere Brennweite einsetzen kann.

Auf dem Rückweg entdecken wir noch einen prachtvollen, ausgewachsenen Kanada-Reiher, der ebenfalls ein erstaunliches Vertrauen zeigt. Wie schwierig kann es doch in unseren Breiten mitunter sein, einen Reiher zu beobachten und zu photographieren. Wir sind hier wirklich in einem Paradies.

Mit dem Dingi fahren wir dann ein ganzes Stück um die Insel herum. Die See ist hier rauher als in der geschützten Bucht. Nördlich von Floreana liegt die Teufelskrone. Überreste eines stark erodierten Vulkankegels bilden eine Bucht, die optimal zum Tauchen und Schnorcheln geeignet ist. Allerdings muß man gut schwimmen können, weil die Brandung gegen den Kranz des Vulkangesteins schlägt und starke Strömungen verursacht. Deshalb muß hier immer ein Boot zur Sicherheit in der Nähe sein. Aber gerade hier findet der Taucher eine unglaublich bunte und schöne Unterwasserwelt. Das Wasser ist hier im Süden der Galápagos-Inseln deutlich kühler als zum Beispiel bei Santa Fé.

Von hier bringt uns unser Schiff nach Puerto Ayora auf Santa Cruz. Mit fast tausend Quadratkilometer ist sie nach Isabela die zweitgrößte Insel des Galápagos Archipels. Hier ist die Charles-Darwin-Forschungsstation die große Attraktion. Sie wurde 1960 von der »Charles Darwin Foundation« gebaut, die seit dieser Zeit die Station finanziert und sich um den Naturschutz auf den Galápagos-Inseln kümmert. Die eingeschossigen Gebäude liegen in unmittelbarer Nähe der Küste und fügen sich gut in die langsam ansteigende Landschaft ein. In einer Ausstellungshalle informieren Bilder und Diagramme sehr genau über die Naturgeschichte.

In einigen Schildkrötengehegen der Forschungsstation kann jedermann, und das ist auf den Inseln für viele die einzige Möglichkeit, hautnahen Kontakt mit Riesenschildkröten aufnehmen. Wir kommen gerade zur richtigen Zeit. Die Schildkröten machen sich begierig über frisches Futter her, und wir erleben aus nächster Nähe, wie die riesigen, gepanzerten Ungetüme das saftige frische Grünzeug in sich hineinfressen.

In einem der Nachbargehege versuchen zwei dieser urweltlichen Kolosse für Nachwuchs zu sorgen. Mit den schweren Panzern erscheint die Aktion eher anstrengend als lustvoll.

Die Riesenschildkröten sind das Wahrzeichen von Galápagos. Alle Galápagos-Riesenschildkröten gehören zu der Art *Geochelone elephantopus*, die in vierzehn Unterarten aufgeteilt ist. In früheren Jahrhunderten wurden die Riesenschildkröten von Seeräubern und später von Walfängern in heute kaum vorstellbaren Mengen als lebender Reise-Proviant auf Schiffen mitgenommen. Aus dem Fleisch der Schildkröten wurde Öl gewonnen. Man schätzt, daß allein die Walfänger über hunderttausend Schildkröten als Proviant mitnahmen. Dadurch wurden drei Unterarten ausgerottet und auf einigen Galápagos-Inseln verschwanden die Tiere völlig. Nur etwa zehntausend Riesenschildkröten überlebten die Ausbeutung der letzten Jahrhunderte.

Seit 1965 wird in der Charles-Darwin-Forschungsstation mit großem Erfolg ein Nachzuchtprogramm durchgeführt. Hier hat man von den besonders gefährdeten Unterarten die letzten noch lebenden Schildkröten als Zuchtgruppen in Gehege gebracht. Die Nationalparkwächter tragen auch von weniger gefährdeten Arten Eier aus markierten Nestern zum Ausbrüten hierher. Die geschlüpften Schildkröten bleiben dann einige Jahre im Gehege der Station, bis sie groß genug sind, um sich gegen Angriffe von Ratten oder verwilderten Hunden zur Wehr zu setzen. Insgesamt konnten bereits weit über tausend in der Station groß gezogene Schildkröten wieder ausgesetzt werden.

Nach diesen guten Erfahrungen hat man 1976 auch damit begonnen, die Landleguane nachzuzüchten, denn leider hatten Wildhunde auf Santa Cruz fast die gesamte Population vernichtet. Ein Teil der überlebenden Tiere wurde auf die Darwin-Station gebracht, und schon wenige Jahre später konnten wieder Landleguane in die Freiheit entlassen werden. Gleichzeitig gelang es, die Wildhunde wirksam zu bekämpfen. Seither vermehren sich die Landleguane wieder in der freien Natur. Für die Aufzucht von Riesenschildkröten braucht man allerdings weit größere Zeiträume, denn sie sind erst im Alter von dreißig Jahren geschlechtsreif. Vermutlich können sie zweihundert Jahre und älter werden.

Die exotischen Tierarten, die heute von der Darwin-Foundation auf den Galápagos-Inseln beobachtet und erhalten werden, sind schon den ersten Reisenden aufgefallen, die es auf die Inseln verschlagen hat. Sehr interessant ist die Entdeckung und Geschichte der Galápagos-Inseln, die mit einem Zufall begonnen hat. Zwei Jahre nach der Hinrichtung Atahualpas wollte der Bischof Tomás Berlanga von Panama nach Peru segeln. Wegen einer Flaute wurde sein Schiff vom Humboldtstrom bis zu den Galápagos-Inseln abgetrieben. In seinem Reise- und Entdeckungsbericht aus dem Jahre 1535 erzählt der Bischof auch von den urtümlichen Tieren. Wegen der schwierigen Strömungsverhältnisse wurden die Inseln zunächst von den Seefahrern gemieden. Dies war Piraten und Seeräubern gerade recht. Sie fanden hier ein ausgezeichnetes und sicheres Versteck, von dem aus sie die spanischen Niederlassungen an der Küste Südamerikas immer wieder plünderten. Zwei Jahrhunderte (1590 bis 1790) waren die Galápagos-Inseln Stützpunkt der meist englischen Seeräuber im Ostpazifik.

Allmählich wurde das Leben für die Seeräuber immer schwieriger und sie gaben die Inseln schließlich auf. Ab etwa 1800 kamen amerikanische und englische Walfänger, die im Pazifik hauptsächlich Pottwale jagten. Sie benutzten die Galápagos-Inseln als Lebensmittel-Versorgungsstation.

Während seiner fünfjährigen Forschungsreise um die Welt hat Charles Darwin 1835 fünf Wochen die Galápagos-Inseln studiert. Sein Besuch und die Annektierung der Inseln im Jahre 1832 durch den kurz zuvor entstandenen Staat Ecuador fielen fast zusammen. Damals begann eine Besiedlung der Inseln. Bis etwa 1920 führte Galápagos ein Schattendasein, weit abgelegen im Pazifik. Durch sein Buch »Galápagos – World's End« aus dem Jahre 1923, in dem er enthusiastisch die Inseln beschrieb, lockte William Beebe viele Siedler aus aller Welt in diesen Erdenwinkel. Doch nur wenige unverwüstliche Optimisten blieben.

Erst nach dem Zweiten Weltkrieg, die Amerikaner hatten während des Krieges die Insel Baltra als Luftstützpunkt ausgebaut, kamen verstärkt Ecuadorianer, die von Fischfang und Landwirtschaft lebten. Durch die Gründung des Nationalparks 1959 wurde die freie Beweglichkeit der Einwohner auf die wenigen kolonisierten Bereiche beschränkt. Zehn Jahre später, mit dem Einsatz des ersten Kreuzfahrtschiffes, begann der lukrative Tourismus. Seit den achtziger Jahren haben die guten Verdienstmöglichkeiten Ecuadorianer vom Festland angelockt, sodaß bereits über zehntausend Menschen auf den Inseln leben. Eine genaue Planung wird für die Zukunft notwendig sein, um die bekannten Zivilisationsprobleme wie Wasserknappheit und Abfallbeseitigung auf den bewohnten Inseln nicht zu vergrößern.

Für Besucher eignet sich die Insel Santa Cruz für einen längeren Aufenthalt, da sich hier einige ordentliche Hotels befinden. Es gibt selbstverständlich Möglichkeiten, ohne gleich eine mehrtägige Schiffsreise zu buchen, von hier Tagesausflüge zu verschiedenen Inseln zu machen.

Uns locken die Braunpelikane zur Insel Rábida, die südlich von Santiago liegt. Auf dem kleinen Eiland sollen die Jungvögel noch im Nest hocken, das müssen wir unbedingt sehen und photographieren.

An der Nordspitze von Rábida betreten wir den Strand aus roter Vulkanasche, die mich an einen Tennisplatz erinnert. Rote Lavaflüsse bilden den farblich interessanten Kontrast zu den silbergrauen Balsambaumwäldern. Zwischen den Mangrovenbüschen am Strand liegen Pelzrobben in großer Zahl, so daß wir genau schauen müssen, wo wir unseren Fuß hinsetzen. Einzelne Tiere bellen uns trotz unserer Vorsicht an. Ein Junges, bestimmt erst wenige Tage alt, will unbedingt zum Wasser, wird aber von der Mutter energisch zurückgedrängt. Die Pelzrobben sind nahe verwandt mit den Seelöwen. Im Unterschied zu diesen haben die Robben aber eine dichte Unterwolle in ihrem Pelz. Dadurch ist ihr Pelz schöner und wertvoller, so daß sie fast ausgerottet wurden. Der Bestand war in der ersten Hälfte des 20. Jahrhunderts stark gefährdet. In den letzten Jahrzehnten sind die Pelzrobben wieder zahlreicher geworden, und ihr Überleben dürfte gesichert sein. Im Unterschied zu den Seelöwen säugen die Pelzrobben-Weibchen ihre Jungen über einen Zeitraum von zwei Jahren. Trotzdem bringen sie jedes Jahr ein Junges zur Welt, das aber meist nicht gesäugt werden kann, weil das einjährige Junge seinen Platz verteidigt. Nur wenn das Ältere umkommt, hat das Jüngere eine Überlebenschance. Dies muß wohl manchmal der Fall sein, denn sonst würden die Weibchen in größeren Abständen Junge zur Welt bringen.

Am Strand entlang wachsen Mangrovenbüsche und Salzsträucher. Im Inneren der Insel erholt sich die Vegetation langsam wieder von den Schäden, die durch verwilderte Ziegen angerichtet wurden. Die Nationalparkverwaltung hat 1975 die Ziegen abschießen lassen.

Im Mangrovengebüsch, etwas westlich unserer Anlegestelle, liegen die Nistplätze der Braunpelikane. Wir kommen zur richtigen Zeit. Auf locker gebauten Nestern aus Zweigen sitzen die Pelikane. Die Eier sind schon ausgebrütet. Die fast nackten Jungen sehen aus wie gerupfte Brathühnchen. Sie klappern wild mit ihren kleinen Schnäbeln, der schon den Ansatz für den typischen Kehlsack der Pelikane zeigt. Pro Elternpaar werden zwei bis drei Junge groß gezogen, die nach etwa zehn Wochen flügge sind.

Die Altvögel sitzen mit zurückgelegtem Kopf und leicht nach unten geneigtem Schnabel auf dem Nest. Mit fast starrem Blick aus gelben Augen beobachten sie alle unsere Bewegungen sehr genau. Ich achte beim Photographieren darauf, daß ich ihnen nicht zu nahe komme, und die Alten wie die Jungvögel verhalten sich auch ganz sorglos und ruhig.

Auf dem Weg an die Ostküste der Insel kommen wir wieder an dem erst wenige Tage alten Pelzrobbenjungen vorbei. Die Mutter ist draußen im Meer beim Fischen, und das Junge liegt jetzt ganz still und brav an einen Felsen geschmiegt und schaut uns vertrauensvoll aus seinen großen Augen an. Das ist das Erstaunliche: Das Kleine weiß schon, daß es nicht allein ins Wasser darf. Wir können es aus nächster Nähe ansehen, es zeigt keine Furcht. Wie auf allen Inseln darf man die freilebenden Tiere natürlich nicht berühren, und schon auf keinen Fall ein Robbenbaby! Die Mutter würde es vielleicht nicht mehr annehmen.

Die große Nachbarinsel Santiago hat eine Fläche von fast sechshundert Quadratkilometer und bietet mehrere Anlegemöglichkeiten. Hier sind Pelzrobben und Seelöwen ebenso zu Haus wie Austernfischer, Lavareiher, Krabbenreiher und Rote Klippenkrabben. Von Puerto Egas in der James Bay wandern wir ein Stück parallel zur Küste über das schwarze Lavagestein zu verschiedenen ausgewaschenen Lavagrotten. Über manche dieser Grotten führen natürliche Steinbrücken, einige sind direkt mit dem Meer verbunden. Hier kann man ausgezeichnet schnorcheln. Beim Schwimmen in diesen Lavagrotten – von oben sieht das Wasser tiefgrün aus – kommen die neugierigen Seelöwen ganz dicht an uns vorbei.

Der Hauptvulkan Santiago erhebt sich im Nordwesten der Insel und ist 907 Meter hoch. Er ist seit langem erloschen. Dagegen sind Ende des letzten Jahrhunderts im Bereich der Sul-

Der junge Seelöwe liegt mit vielen anderen genüßlich in der Sonne, satt und zufrieden. Als ich vorbeigehe, hebt er den Kopf: »Bin ich nicht der Schönste?« – Nun, der wußte schon: »Please, keep smiling.«

livan Bay, auf der Westseite der Insel, große Lavafelder entstanden. Aus mehreren kleinen Kratern strömte dünnflüssige Lava, die so aussieht, als sei sie erst gestern erkaltet. Die verschiedensten Lava-Arten sind hier zu sehen: Stricklava, Blocklava, Fladenlava, Lavatunnel und auch sogenannte Hornitos, kleine Miniaturkegel, die beim Fließen der Lava entstehen, wenn plötzlich Gase entweichen.

Alle bisher besuchten Inseln sind vulkanischen Ursprungs. Nach geologischen Maßstäben sind sie jung: Die ältesten Gesteine werden auf über vier Millionen Jahre geschätzt. Die Galápagos-Inseln befinden sich in einem Gebiet geologischer Instabilität durch die Nähe zu den Bruchkanten der nördlich liegenden Cocos-Platte und der im Süden liegenden Nazca-Platte. Von Galápagos zieht sich nach Osten, zum Festland des südamerikanischen Kontinents, der Carnegie-Rücken hin. Hierin sind abgerundete Basaltstücke und Kiesel in einer Tiefe von zweitausend Metern unter dem Meeresspiegel gefunden worden. Die Forscher schließen daraus, daß sich dort einst Land über den Ozean erhob, das vor Jahrmillionen wieder überschwemmt wurde und immer weiter absank. Danach haben sich die Tierarten, die ursprünglich vom südamerikanischen Festland gekommen waren, selbständig weiterentwickelt. Die Inselkette von Galápagos entstand durch die Bewegung der Nazca-Platte, die sich über einen Hot Spot*, »einen heißen Fleck«, im Erdmantel nach Osten schiebt. Die westlichen Inseln Fernandina und Isabela gehören zu den vulkanisch jüngsten und aktivsten Gebieten der Erde. Diese beiden Inseln liegen genau über dem Hot Spot und besitzen mächtige Schildvulkane, die seit 1900 etwa zwanzigmal ausgebrochen sind.

Von der Sullivan Bay ist es nur ein kleiner Hüpfer zur Insel Bartolomé. Eine steil aufragende, freistehende Felsnadel, der Pinnacle Rock, ist das Wahrzeichen dieser Insel. Die Aussicht von dem etwas über einhundert Meter hohen Gipfel der Insel ist großartig. Unmittelbar neben dem Pinnacle Rock erstreckt sich ein schöner, weißer Sandstrand. In dieser Bucht kann man wunderbar tauchen und schnorcheln. Wir steigen in das Beiboot, um zur Insel zu fahren. Kaum haben wir Platz genommen, tauchen einige Seelöwen in unserer Nähe auf. Wir

* Hot Spots sind begrenzte Bereiche, vorwiegend in den Ozeanen, mit besonders großer Hitze im Erdmantel. Hierdurch wird die Erdkruste zum Schmelzen gebracht, was zum Aufsteigen von Magma führt. Hot Spots sind stationär. Eine Platte wie die Nazca-Platte wandert über den Hot Spot hinweg, so daß der in der Platte sitzende Vulkan von seinem Nachschub abgeschnitten wird und erlischt. Ein neuer Vulkan wird dann seine Stelle über dem Hot Spot einnehmen. So entsteht eine Kette von Inseln. Das klassische Beispiel sind die Hawaii-Inseln.

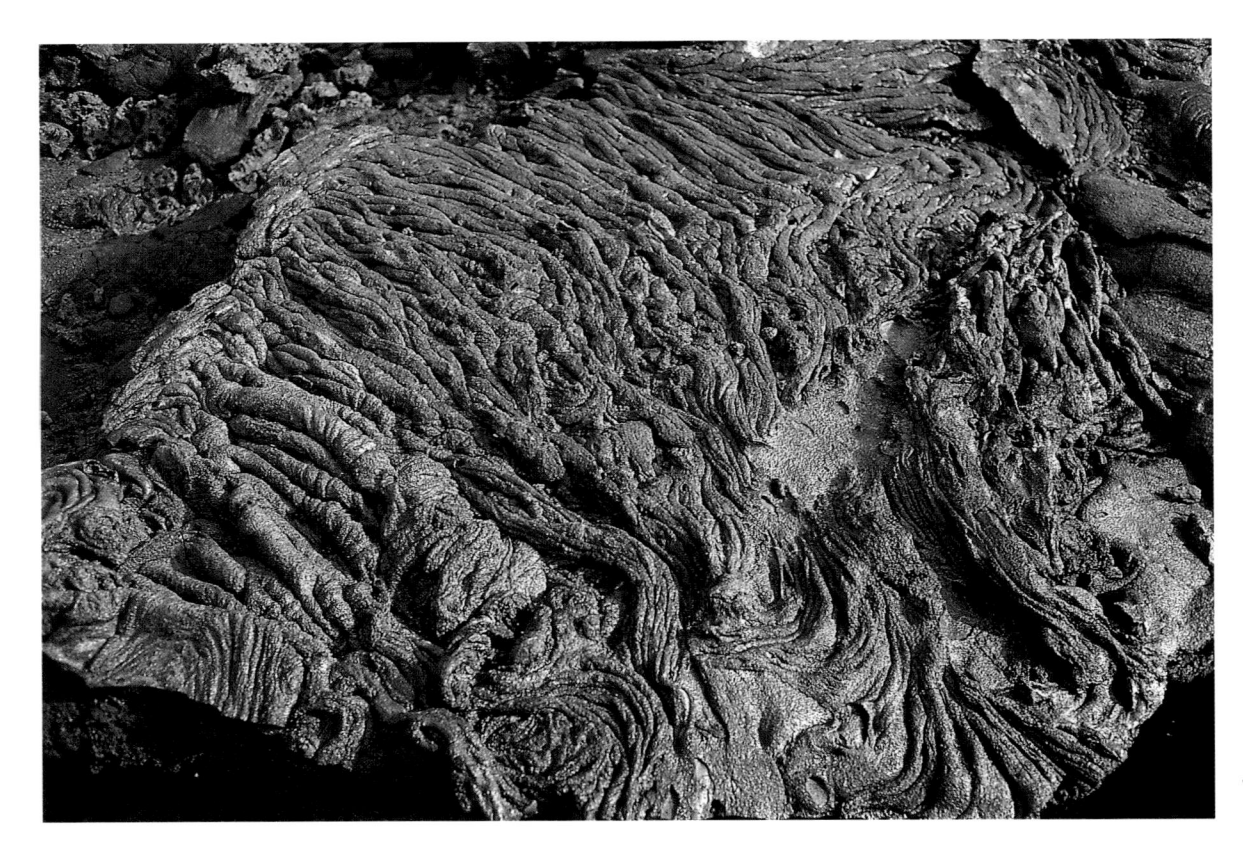

Es sieht so aus, als wären die Lavaströme erst gestern erkaltet. Die Runzeln im Gestein bildeten immer neue Muster. Wir entdecken viele Photomotive, mehr, als wir Filme belichten könnten.

klopfen mit der Hand an die Bordwand. Wie gerufen kommen diese exzellenten Schwimmer zum Greifen nahe ans Boot heran und versuchen, nicht nur unser Fahrttempo mitzuhalten, sondern machen übermütige Luftsprünge, einer nach dem anderen. Wir haben nicht die Kamera, sondern Schwimmflossen und Schnorchel dabei. Das ist zum Haareraufen. Auch das Farbparadies unter Wasser, das wir gleich bestaunen, kann ich nicht photographieren.

Schwerelos bewegen sich zwischen leuchtenden Seeanemonen kleinere glitzernde Fische, so die Damelfische mit ihren blauen Augen oder die Halfterfische, die einen langen Wimpel an ihren Rückenflossen tragen. Gelbschwarz gestreifte Sergeant-Majore fallen auf neben Engelfischen, Galápagos-Kaiserfischen und Papageifischen. Viele kennen wir nicht mit Namen. Zum Teil tragen sie so lebhafte Muster in grellbunten Farben am Körper, daß wir glauben, alles sei ein Traum.

Da kommen unsere Freunde wieder, die Seelöwen. Sie schwimmen ohne jede Scheu direkt auf uns zu, fast bis an die Fingerspitzen, die wir ihnen entgegenstrecken. Aber mit einer eleganten Rolle drehen sie kurz vor uns ab und verschwinden, um gleich wieder zur Stelle zu sein. Das Wasser des Pazifiks ist so angenehm, daß wir eine gute Stunde schnorcheln, natürlich auch, weil wir von dem Spiel der jungen Seelöwen nicht genug bekommen können.

»Und das werde ich nie vergessen«, erzählt mir später meine Frau: »Ich will durch ein enges Felsenloch schwimmen, bewege mich ganz langsam und vorsichtig, um nicht an den scharfen Felskanten hängenzubleiben, als im selben Augenblick ein Seelöwe blitzschnell mit mir zusammen durch die enge Öffnung schlüpft. Weg war er – mir blieb fast das Herz stehen.« Oft schauen uns die Seelöwen mit ihren großen schwarzen Augen an, neugierig oder belustigt, wer weiß das schon? Doch eines wissen wir genau, solange die Seelöwen um uns herum schwimmen, sind keine hungrigen Haie in der Nähe! Wir sind begeistert: So etwas zu erleben, ist also hier und heute immer noch möglich.

Für viele Galápagos-Besucher ist die nur knapp zwei Quadratkilometer große Insel Seymour der Auftakt im Paradies der Tiere. Sie ist bekannt für ihre ausgeprägte Trockenvegetation und die silbergrauen Galápagos-Balsambäume, die nur auf einigen Inseln vorkommen. Schon beim Betreten der Insel sind wir dicht umringt von zahlreichen Seelöwen. Später führt der Weg durch eine große Blaufußtölpel-Kolonie. Teilweise liegen die Nistplätze mitten auf dem Weg, und wir dürfen uns beim Gehen nicht ablenken lassen, um keine Jungvögel zu verletzen. Fast immer sind es zwei kleine, weiße Daunenkugeln, die abwechselnd ihren Schnabel weit aufsperren und der Mutter bettelnd entgegen strecken.

Etwas weiter nördlich erleben wir das aufregende Schauspiel von balzenden Bindenfregattvögeln, die von Februar bis Juli auf Seymour zu beobachten sind. Die Weibchen erkennt man an der weißen Kehle und dem weißen Bauch. Sowie eines am Himmel auftaucht, breiten die Männchen die Flügel aus und blasen ihren roten Kehlsack wie einen Luftballon auf, der gleich zu platzen droht. Der Kopf wird durch den Kehlsack weit in den Nacken gedrückt. An vielen Stellen sitzen die roten »Ballons« in den Ästen der Balsambäume und bemühen sich, für »Sie« der Schönste zu sein.

Hier und da sehen wir junge Bindenfregattvögel mit noch schneeweißem Gefieder. Fünfundfünfzig Tage dauert das Brüten, bei dem sich Männchen und Weibchen jeweils nach zehn Tagen abwechseln. Solange ein Partner auf dem Nest sitzt, frißt er nichts. Daher verlieren die Vögel etwa ein Drittel ihres Gewichtes. Vom Schlüpfen bis zum Flüggewerden vergehen sechs Monate. Bis die Jungvögel ganz Selbstversorger sind, werden sie noch weitere sechs Monate von den Eltern gefüttert.

Die Galápagos-Inseln sind eines der letzten Paradiese unserer Erde und die Erhaltung ihrer Flora und Fauna ist eine große Verantwortung. Auf den Inseln bieten sich viele Möglichkeiten zur Beobachtung von Tieren. Eine kurze Zusammenstellung der wichtigsten Tierarten auf den einzelnen Inseln soll die Übersicht erleichtern:

Bartolomé   Meeresschildkröten, Galápagos-Schlangen, Pinguine.

Daphne Mayor   Darwinfinken, Rotschnabel-Tropikvögel, große Kolonien von Masken- und Blaufußtölpeln.

Española   Große Brutkolonien der Blaufuß- und Maskentölpel, Galápagos-Albatrosse, Spottdrosseln, Seelöwen, Gabelschwanzmöwen, Hood-Meerechsen, Lavaechsen.

Fernandina   Galápagos-Bussarde, Lavaechsen, Rote Klippenkrabben, Seelöwen, große Kolonien von Meerechsen, Kormorane, Pinguine, Tölpel.

Floreana   Flamingos, Meeresschildkröten, Bahamaenten, verschiedene Seevögel, Seelöwen, Stelzenläufer, Reiher.

Genovesa   Rotfußtölpel, Galápagos-Tauben, Sumpfohreulen, Krabben- und Lavareiher, Bindenfregattvögel, Galápagos-Wellenläufer, Gabelschwanzmöwen, Rotschnabel-Tropikvögel, Maskentölpel, Lavamöwen, Seelöwen.

Isabela   Pinguine, Kormorane, Flamingos, Stelzenläufer, Riesenschildkröten, Landleguane, Pelikane, Lavareiher und verschiedene Seevögel.

Plaza Sur   Seelöwen, Landleguane, Gabelschwanzmöwen, Goldwaldsänger, Darwinfinken, Audobon-Sturmtaucher, Rotschnabel-Tropikvögel.

Rábida   Seelöwen, Nistplätze der Braunpelikane, Flamingos, Bahamaenten, verschiedene Seevögel.

San Cristóbal   Binden- und Prachtfregattvögel, Blaufußtölpel, Seelöwen, Einsiedlerkrebse, Kielschwanzleguane, Meerechsen.

Santa Cruz   Reiher-Nistplätze, Riesenschildkröten, Landleguane, Meerechsen, Darwinfinken, Meeresschildkröten, Haie, Rochen.

Santa Fé   Galápagos-Reisratten, Santa-Fé-Landleguane, Darwinfinken, Spottdrosseln, Galápagos-Tauben und -Bussarde, Seelöwen, Adlerrochen, Pelikane.

Santiago   Galápagos-Bussarde, Darwinfinken, Pelzrobben, Austernfischer, Lavareiher, Krabbenreiher, Rote Klippenkrabben, Riesenschildkröten, Flamingos.

Seymour   Seelöwen, Blaufußtölpel, Nistplätze der Bindenfregattvögel, Gabelschwanzmöwen, Meerechsen, Galápagos-Schlangen, Lavaechsen, Landleguane.

Wir möchten uns mit dem Wunsch von Galápagos verabschieden, daß dieses Paradies erhalten bleibt. Das ist mit Sicherheit möglich, wenn die Zahl der Besucher reguliert ist und diese sich richtig verhalten. Die wichtigste Regel für den Besuch des Nationalparks Galápagos lautet: »Laß nichts zurück als deine Fußspuren, und nimm nichts mit als deinen belichteten Film«.

Die kleinen und gemütlichen Boote liegen in der malerischen und gut geschützten Bucht der Insel Santa Fé.

Die Roten Klippenkrabben sind schon allein wegen ihrer leuchtenden Farben ein beliebtes Motiv. Hinzu kommt die interessante Form der Scheren und Beine, mit denen sie sich blitzschnell vor Krabbenreihern in Felsspalten in Sicherheit bringen können.

Auf verschiedenen Inseln kann
man die Kakteenbäume,
die Baumopuntien, bewundern.

Den Landleguan der Art *Conolophus subscristatus* gibt es nur auf Galápagos. Er wirkt wie ein Überbleibsel aus der Urzeit.
Während der Trockenzeit fressen Landleguane mit großem Genuß auch die Früchte der Kakteenbäume. Die Stacheln stören sie nicht.

Dieser Kanada-Reiher war mit seiner Jagd so beschäftigt, daß er sich durch uns überhaupt nicht stören ließ.

An der Playa las Bacha der Insel Santiago breiten sich mehrere kleine Lagunen mit Brackwasser aus. Hier können wir einige der zartrosa Flamingos beobachten, die sonst im Galápagos-Paradies schwer zu entdecken sind.

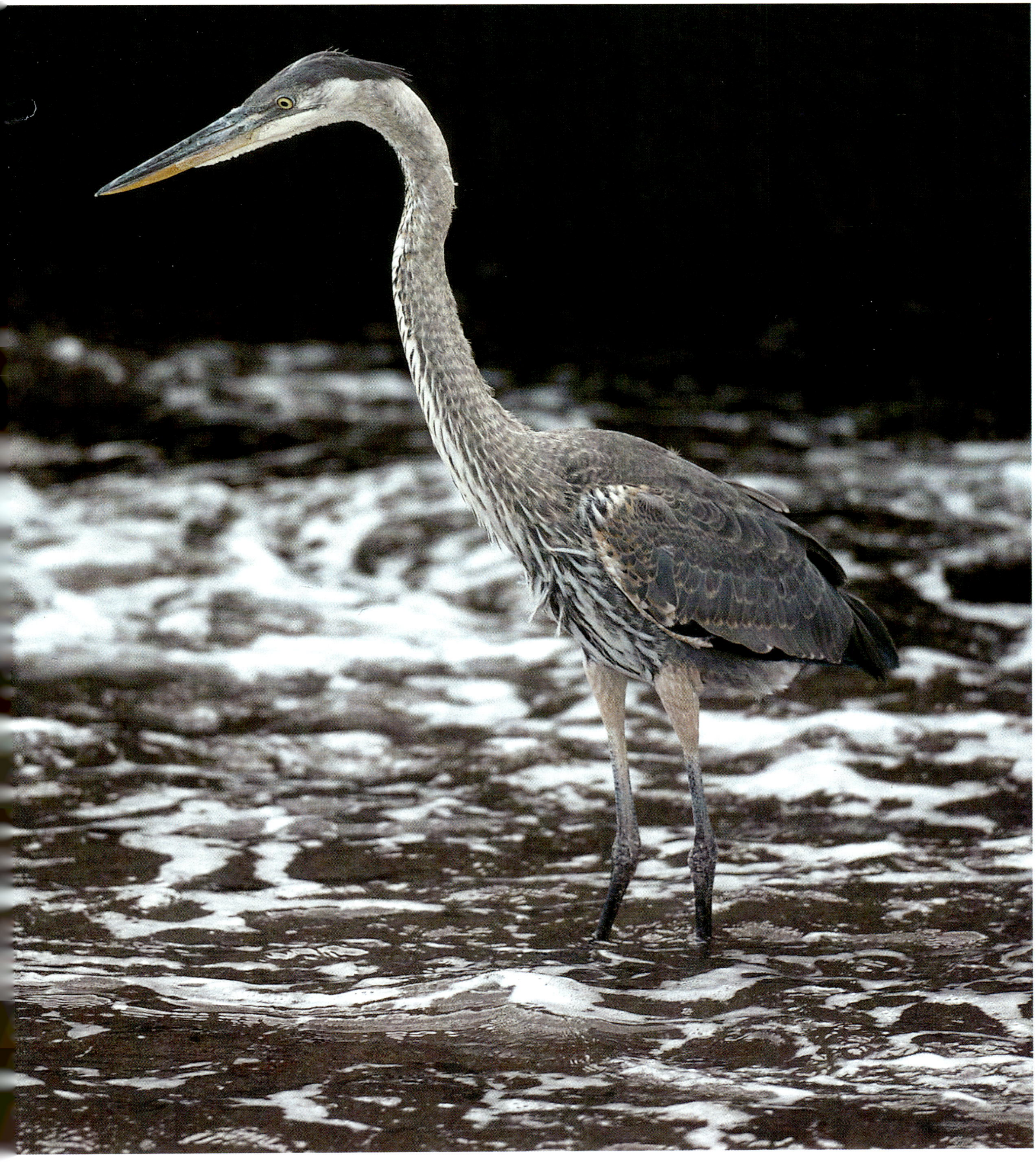

Die endemischen Darwinfinken kommen auf den Galápagos-Inseln in dreizehn Arten vor. Hier der Kaktusfink, der in den Opuntienwäldern der Trockenzone lebt.

Die Riesenschildkröten sind das
Wahrzeichen von Galápagos.
Auf der Charles-Darwin-Station in
Puerto Ayora werden erfolg-
reich Schilkröten nachgezüchtet.
Hier kann man die Tiere
aus nächster Nähe beobachten.

Die Bindenfregattvögel kümmern sich sehr intensiv um den Nachwuchs. Vom Schlüpfen bis zum Flüggewerden vergehen sechs Monate. Anschließend werden die Jungvögel noch weitere sechs Monate gefüttert, bis sie selbst in der Lage sind, Fische zu fangen.

Die Männchen der Bindenfregattvögel bieten ein farbenprächtiges Schauspiel. Sowie ein Weibchen am Himmel auftaucht, bläst das Männchen seinen roten Kehlsack wie einen Luftballon auf, um ihr zu imponieren.

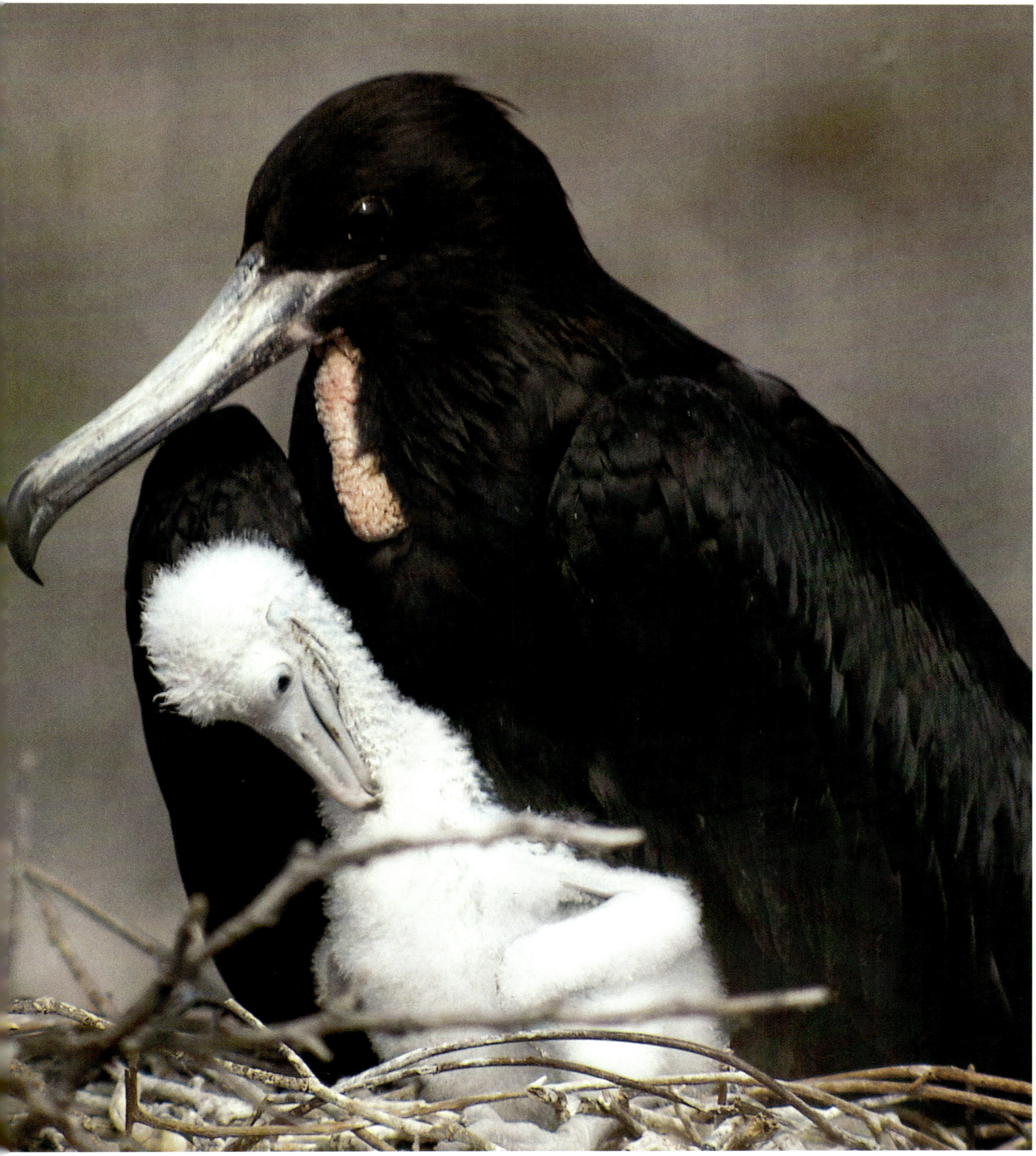

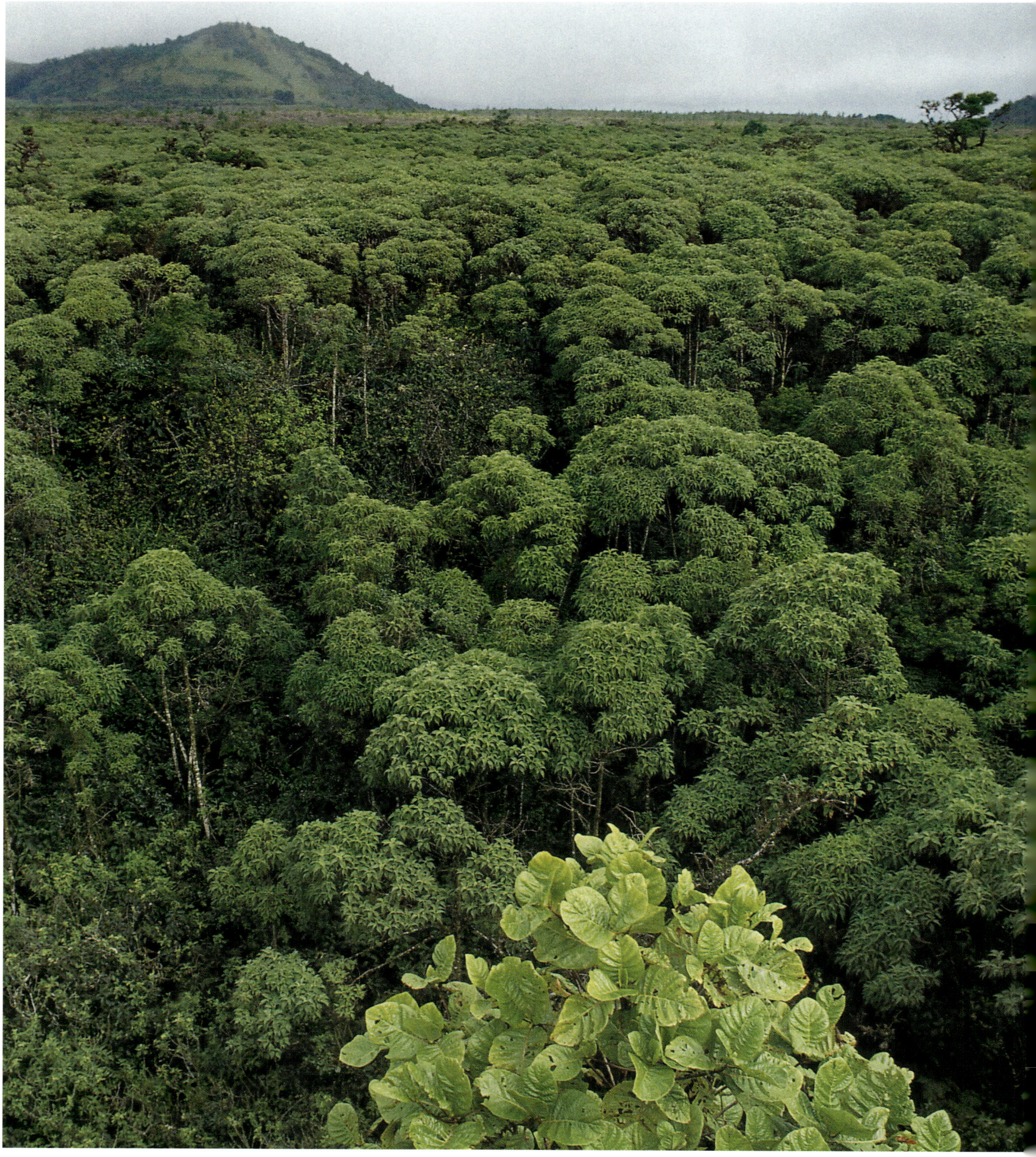

Auf der Insel Santa Cruz sind wir in der Nähe von zwei riesigen Einsturzkratern im Bereich des Regenwaldes, hier in der Scalesia-Zone. Die Scalesia sind auf den Galápagos-Inseln weit verbreitet. Sie kommen sowohl als niedrige Büsche vor wie auch als Bäume, die eine Höhe von zehn bis fünfzehn Meter erreichen können.

Die schnell geflossene Lava hat interessante graphische Muster gebildet. Sie sieht aus, als wäre sie gestern erst erkaltet.

Die Seelöwen liegen mit ihren Babys in der Sonne und lassen uns ganz dicht herankommen. Auch wenn die Tiere oft selbst sehr neugierig sind, darf man sie auf keinen Fall berühren. Die Mutter würde ihr Junges vielleicht nicht mehr annehmen.

Auf der Insel Española bietet die Steilküste zahlreichen Seevögeln Nistmöglichkeiten und den nur hier nistenden Albatrossen gute Startplätze. Die anrauschende Brandung zieht jeden Betrachter in ihren Bann.

Der Galápagos-Albatros brütet nur auf der Insel Española und ist unter den verschiedenen Albatros-Arten der einzige Tropenbewohner. Auf dem Land bekommt man mit den großen und schweren Vögeln fast Mitleid, wenn man sieht, wie sie sich abmühen, an die Steilküste zu gelangen. Sowie aber Luft unter den Schwingen ist, bewundert man ihre Eleganz.

Das Balzverhalten der Blaufußtölpel wirkt auf den Betrachter
urkomisch, wenn die Männchen
vor den Weibchen tanzen und
abwechselnd die schönen blauen
Füße zeigen. Dieses Pärchen
ist sich schon völlig einig.

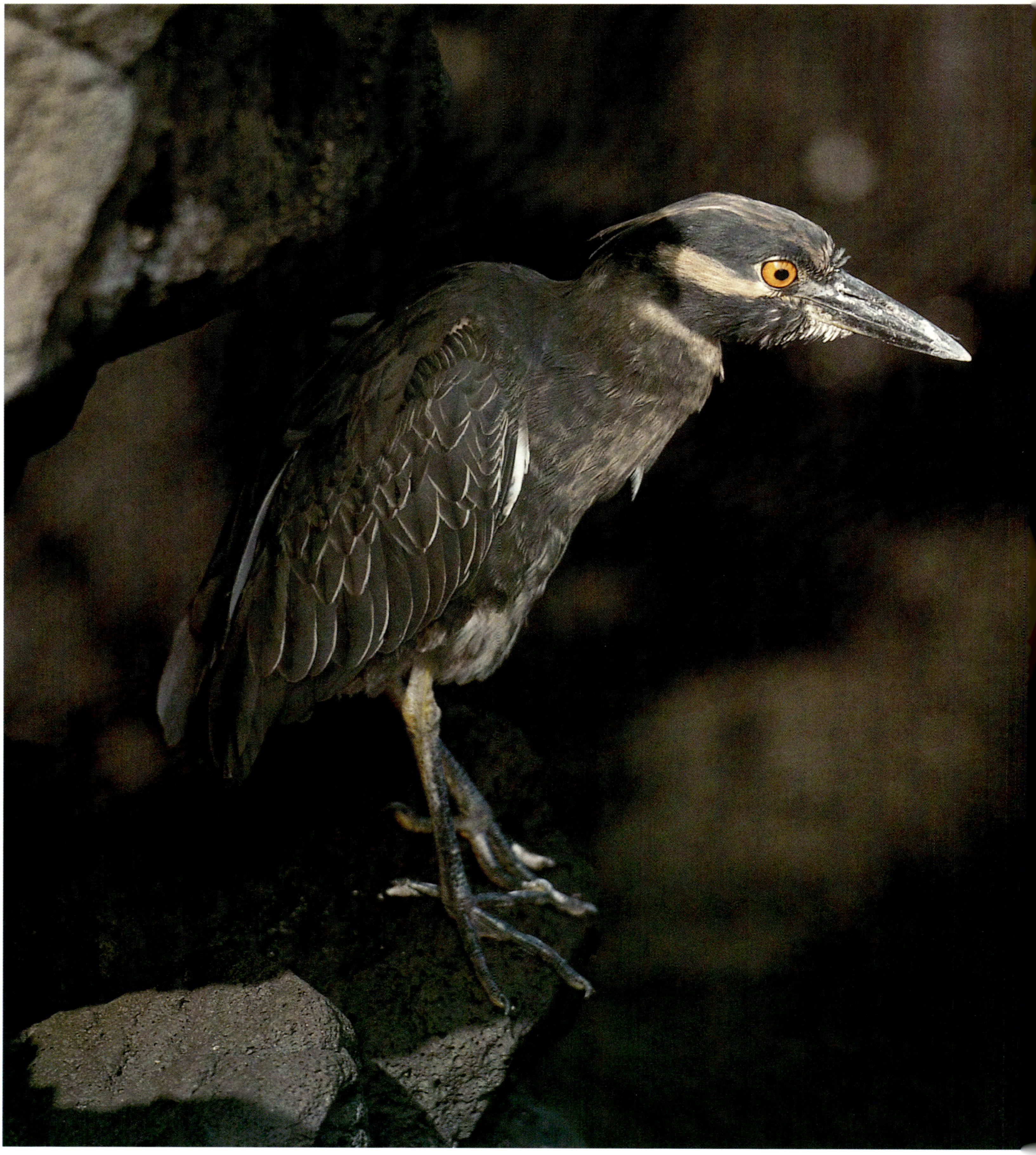

Der Lavareiher lebt ausschließlich auf den Galápagos-Inseln.

Die Meerechsen gehören zu den interessantesten Tieren auf Galápagos. Sie haben sich als Landtiere dem Meer angepaßt. Sie können tauchen und weiden die Algen im Meer ab. Durch an den Augen sitzende Salzdrüsen können sie das Salz, das sie durch das Meerwasser aufgenommen haben, wieder ausscheiden. Von Charles Darwin stammt der Name »Kobolde der Finsternis«.

Die Gabelschwanzmöwen fliegen auch nachts aufs Meer hinaus, um zu fischen. Durch ihr helles Gefieder am Bauch und einen auffälligen Fleck am Schnabel können die Jungvögel auch in der Dunkelheit ihre Eltern erkennen.

Im Juni konnten wir die Braun-Pelikane bei der Aufzucht ihrer Jungvögel auf der Insel Rábida beobachten. Der Braun-Pelikan ist unter den acht Arten der kleinste. Jedes hier nistende Paar zieht zwei bis drei Junge auf.

Photohinweis

Seit dem Beginn meiner photographischen Arbeit, vor über dreißig Jahren, verwende ich ausschließlich LEICA Kameras und Objektive.

Die Bilder zu diesem Buch entstanden mit der Leica R5 und Leica R6. Als Filmmaterial habe ich die besonders feinkörnigen und hochauflösenden Kodak-Filme KODACHROME 25 und KODACHROME 64 Dia-Filme verwendet, für einige Bilder im Urwald und auf Galápagos wurde der KODAK EKTACHROME 100 PLUS eingesetzt, den ich wegen seiner besonders differenzierten Grün-Wiedergabe schätze.

Literatur

Baumann, P. und Uhlig, H. *Rettet die Naturvölker, kein Platz für wilde Menschen* 1987
Bittmann, W. und Fugger, B. *Galápagos* 1991
Bruggmann, M. *Die Anden* 1977
Bruggmann, M. und Waisbard, S. *Die Kultur der Inkas* 1980
Cruz, M. *Die Schneeberge Ecuadors* 1983
Disselhof, H. D. und Zerries, O. *Das Imperium der Inka und die indianischen Frühkulturen der Andenländer* 1972
Frank, E. *Ecuador mit Galápagos-Inseln* 1989
GEO Magazin   1/1978 *Galápagos*
              4/1987 *Galápagos*
              5/1987 *Ecuador*
Helfritz, H. *Südamerika* 1988
Helmy, H. und Trävis, D. *Ecuador, Peru, Bolivien selbst entdecken* 1989
Humboldt, A. v. *Südamerikanische Reise* (Neudruck 1979)
MERIAN-Heft 12/30 *Inkastaaten: Peru, Ecuador, Bolivien*
Meyer-Albich, A. *Alexander von Humboldt* 1985
Moore, Tui de Roy *Galápagos* 1981
Rohrbach, C. *Der weite Himmel über den Anden* 1989
Rotter, P. *Ecuador und Galápagos* 1987
   Zu bestellen bei: Kultur und Trekking, Waisenhausstraße 2, 8000 München 90

Register

kursiv gesetzte Ziffern beziehen sich auf Abbildungen bzw. Legenden

Achiote-Kapsel *21*
Afrika 13
Agoyán 74
Alausi *81*
Alpacas *50*, 94, 98
Altar 74 f.
Amazonas 73
Ambato 72 f., 94, 97
Amerika 9
Anakonda (Schlange) 58
Anden 12 f., *21*, 29 f., 46, 58, *90*
Antarktis 106
Aposentos 84
Äquator 9, 30, 38, 106 f.
Atacamas 15
Atacazo 12
Atahualpa 30, 38, 47, 72, 84, 111
Atlantik 73
»Avenida de los Volcanos«, s. a. Panamericana 46
Baltra (Insel) 104 f., 112
Bananen *17*, 29
Bananenplantagen 12 f.
Baños 72 ff.
Bartolomé (Insel) *102*, 105, 113, 115
Beebe, William 111
Beltrán, Daniel 94
Benalcázar, Sebastián de 38
Berlanga, Tomás 111
Bier, s. a. Chicha 84
Bolivar, Simon 94
Bolivien 9, 60, 72 f.
Bonpland 95 f.
Bougainvillea-Sträucher 15
Bouguer, Pierre 94
Boussingault, Jean Baptiste 94
Cachaco 28
Cajamarca 30
Campaña, Francisco Javier 94
Cañar 84
Cañari (Volksstamm) 38, 84
Cara (Volksstamm) 38
Carchi 29
Carihuairazo (Vulkan) 72
Carrel, Jean-Antoine und Louis 94
Carrel-Tal 94
Castillo de Ingapirca 84
Cathedral Nueva 88
Cayambe 9, 27, 30, 38, 48, *56*, 99, *101*
Charles-Darwin-Forschungsstation 111
Chasqui 46
Chibchas *21*
Chicha, s. a. Bier 84
Chile 109
Chimborazo (Provinz) 38, 74
– (Vulkan) 9, 31, 48, 72, 74 f., *92*, 93–99, *100 f.*
Chucchilán 49
Chuquiragua (Nationalblume) *91*
Coca 58
Cocos-Platte 113
Colorado-Indianer 13, *21*
Condamine, Charles Marie de la 94
Corazon 12
Cotopaxi (Provinz) 46, *70*, 72
– (Vulkan) 9, 12, 31, *44*, 45–48, 72, 94, 99, *101*
– Nationalpark 47
– Hütte (Hütte José Ribas) 47 f., 97
Cruz, Marco 94, 99
Cuenca 82, 83 ff., *86 ff.*
Cuyabeno 57, 58, *61 f.*, *67*
– Nationalpark 58
Cuzco 72
Daphne Mayor (Insel) 115
Darwin (Insel) 105
Darwin, Charles 104, 111, *133*
»Das steinerne Gesicht«, s. a. Rumiñahui 46
Dávalos, Gil Ramírez 84
»El Castillo« 98 f.
»El Niño« 107
El Tambo 84
Erdöl 12
Esmeraldas 13, 15
Española (Insel) 105, 108 ff., 115, *129 f.*
Eukalyptusbäume 12, 46, 48, 94
Fernandina (Insel) 105, 113, 115
Floreana (auch Santa Maria, Insel) 105, 110
Galápagos-Albatros 108 f., 115, *130*
– Balsambäume 112, 114
– Bussard 115
– Inseln 9, 46, 103–107, 110–113, *122 f.*, *133*
– Kaiserfische 114
– Landleguan *119*
– Reisratten 115
– Riesenschildkröte 111, 115
– Schlange 115
– Sesuvien 107
– Tauben 115
– Wellenläufer 115
Genovesa (Insel) 105, 115
Gran Arenal 94
Guano *78 f.*
Guaranda 94
Guayaquil 28, 38, *75*
Guayas 38
Hacienda la Ciénega *44*, 48, 94
– Zuleta *10*, 29
Hall, Francis 94
Hawaii-Inseln *113*
Hot Spot 113
Huascar 38, 47, 84
Huasipungueros 30
Huayna Capac (Inkaherrscher) 38, 47
Humboldt, Alexander von 9, 30, 48, 75, 93 ff., 97
Humboldtstrom 106 f., 111
Ibarra 17, 28 f., *56*
Illampu 9
Illiniza (Vulkan) 49, 99
Imbabura 29
Indios 29 f., 39, 49, *55*, *59*, 84
Ingapirca 82, 83, *85*
Inkakultur 38
Inkareich 47
Inkas 9, 38, 72, *82*, 84
Isabela (Insel) 105, 111, 113, 115
Jambato *68*
James Bay 112
Jesuiten 38
Kaffee 12
Kakao 12
Kolumbien 13, 17, *21*, 38, 75, 107
Kolumbus, Christoph 9
Kordillera Real 9
La Compañía 38
La Paz 38
La Tola 15 ff., *22*, *31*
Laguna Cuyabeno 58, *62*
– Limpiopungo 46 f.
– Toreador *85*
Lamas 49, *50*, 72, 94, *98*
Latacunga 48, *70*, 72, *74*
Lavareiher 115, *133*
Limpiopungo 46 f.
Lita 28, *32*
Machu Picchu 84
Mangroven 16 f., 112
Marchena 105
Morillo, Carlos 95 f.
Morillo, General 96
Morphos 58
Moskitos 60
Moyande Seen *56*
Nariz del Diablo (Teufelsnase) 28
Nationalpark Las Cajas *85*
– Galápagos *104*, 115
Nazca-Platte 113
Oberti, Paolo 94
Ostkordillere 73
Otavalo 29 f., *34*, 38, 47
Palo-Santo-Bäume 108
Panama 111
Panamericana, s. a. »Avenida de los Volcanos« 12, *16*, 46, 48, 72
Páramo 30, 46
Pastaza 73 f.
Pasto 75
Pazifik 27, 103, 106, 114
Pelikane 16
Pelileo 73
Peru 73, 84, 109, 111
Pichincha (Provinz) *36*, 46
– (Vulkan) 95
Pinnacle Rock 113
Pinta (Insel) 105
Pinzón (Insel) 105
Pizarro, Francisco 38
Playa las Bacha 106, *120*
Plaza Abdón Calderón 84
– Centenario 29
– de la Independencia *41*
– Norte 107
– San Francisco 38 f.
– Sur (Insel) 105, 107 f., 115
Post Office Bay 110
Potoo 60 f., *68*
Puerto Ayora 111, *123*
– Egas 112
Punta Cormorán 110
– Suárez 108, 110
Puruhá (Volksstamm) 38
Puyos 72
Quechua (Sprache der Inkas) 38, 46
Quilotoa (Krater) 48 f., *53 f.*, *59*
Quito 9, 12, 28 f., *36 f.*, 38 f., *40 f.*, 46, 58, 72, *75*, 106
Quitu (Volksstamm) 38, 84
Rábida (Insel) 105, 112, 115, *135*
Regen- und Nebelwald *16*
Reiß, Wilhelm Dr. 94
Ricke, Jodoco (Franziskanerfrater) 39
Rio Aguarico 58
– Ambato 72
– Cayapas 17
– Chambo 73 f.
– Esmeraldas 13
– Guamote 84, *85*
– Guayatara 75
– Marmoré 60
– Mataje 17
– Napo 58, 72
– Neni 13
– Pastaza 72 f., *76*
– Patate 73
– Toachi 12 f., *18 f.*
– Tomebamba 84
– Verde 74, *76*
Riobamba 71, 74 f, *78*, *80 f.*, 84, *85*, 94 f., 99
Rocafuerta 28
Rumiñahui, s. a. »Das steinerne Gesicht« 46 f.
Salasaca-Indianer 72 f.
Same 15, *23*, *25*
San Cristóbal (Insel) 105, 115
San Francisco (Klosterkirche) 39, *42*
San Francisco de Quito 38
San Juan 96
San Lorenzo 16 f., *26*, 28, *31*
Sangay (Vulkan) 74
Santa Cruz (Insel) 105, 111 f., 115, *127*
Santa Fé (Insel) 105, *106*, 107, 111, 115, *116*
– Landleguan 108, 115
Santiago (San Salvador, Insel) *102*, 104 f., *110*, 112, 115, *120*
– (Vulkan) 112
Santo Domingo de los Colorados (St. Domingo) 12 f., *21*
Seidenspinne *64*
Seymour (Insel) 105, 114 f.
Sierra 27 ff.
Siona-Secoya-Indianer 58
Spanier 29, 38, *39*, 47, 49
Sperlingspapagei *67*
St. Miguel de los Colorados 13
Stübel, Alphons Dr. 94
Sullivan Bay *110*, 112 f.
Tablahuma 95
Tamandua (Ameisenbär) 12, *19*
Teufelskrone 110
Thielmann-Gletscher 94
Tomebamba 84
Tungurahua (Berg) 73 ff.
– (Provinz) 72
Valdivia 38
Ventimilla-Gipfel (Chimborazo) 98
Wagner, Moritz 94
Waldindianer *21*
Westkordillere 48, *54*
Whymper Route *92*, 94
Whymper, Edward 94
Whymperhütte 94, 96, 99, *100*
Wolf (Insel) 105
Yana-Cocha 95
Zuckerrohr 28
Zuleta 30
Zumbagua 48 f., *50 f.*, *52 f.*

Die Deutsche Bibliothek - CIP-Einheitsaufnahme
Schiemann, Wolfgang:
Ecuador : Photoreisen vom Chimborazo bis Galápagos /
Wolfgang Schiemann. – Frankfurt am Main : Umschau, 1992
   ISBN 3-524-67040-7

© 1992 Umschau Verlag Breidenstein GmbH, Frankfurt am Main
Alle Rechte der Verbreitung in deutscher Sprache, auch durch Film,
Funk, Fernsehen, fotomechanische Wiedergabe, Tonträger jeder Art,
auszugsweisen Nachdruck oder Einspeicherung und Rückgewinnung in
Datenverarbeitungsanlagen aller Arten, sind vorbehalten.

Lektorat: Dr. Elisabeth Neu, Frankfurt am Main
Umschlaggestaltung: Christa Kochinke, Mainz
Typographie und Herstellung: Hans-Heinrich Ruta, Heusenstamm
Herstellungsassistenz: Christoph Roether, Mainz
Karten: Manfred Sehring, Dreieich-Offenthal
Satz: Fotosatz Otto Gutfreund GmbH, Darmstadt
Reproduktion: Reprozwölf Marius P. Spannbauer Ges.m.b.H., Wien
Druck und Bindung: Druckhaus Neue Stalling GmbH & Co KG, Oldenburg
Printed in Germany

ISBN 3-524-67040-7